Noble Red Man war ein furchtloser »geistiger Krieger«, ein listiger Taktiker, ein visionärer Seher, ein humorvoller Geschichtenerzähler – und einer der letzten Wisdomkeeper, »Hüter der Weisheit«, die das spirituelle Erbe der Indianer für die Nachwelt bewahren sollten. Schon früh kam er in Verbindung mit der Welt der Weißen, wurde christlich erzogen und blieb doch stets tief verwurzelt in der Religion und Tradition der Lakota. In diesem Buch erzählt Noble Red Man vom Wissen seiner Väter, vom Kampf gegen die Unterdrückung ihres Glaubens, von ihrer Medizin und den Zeremonien der Heiligen Pfeife und des Sonnentanzes. Die Weisheit und Poesie seiner Worte berühren unmittelbar und weisen den Weg zu einem Leben in Harmonie mit den Kräften der Natur.

Noble Red Man (1902–1989), mit »bürgerlichem« Namen Mathew King, zählt zu den herausragenden Indianerpersönlichkeiten des 20. Jahrhunderts. Er war einer der Führer des »Indian Reawakenings«, das in den sechziger Jahren begann, und über lange Zeit offizieller Sprecher und Berater der Lakota – unter anderem auch während der Besetzung von Wounded Knee im Jahr 1973.

Harvey Arden, ehemaliger Autor von ›National Geographic‹, stellte dieses Buch aus eigenen Aufzeichnungen und Tonbandaufnahmen zusammen.

Hüter
der Weisheit

Die spirituelle Welt des Lakotahäuptlings
Noble Red Man

Herausgegeben von
Harvey Arden

Aus dem Englischen von
Bettina Lemke

Deutscher Taschenbuch Verlag

Mit besonderem Dank an Lavon King

Deutsche Erstausgabe
September 2001
Deutscher Taschenbuch Verlag GmbH & Co. KG, München
www.dtv.de
© 1994 Harvey Arden
Titel der amerikanischen Originalausgabe:
Noble Red Man. Lakota Wisdomkeeper Mathew King
Beyond Words Publishing, Inc., Hillsboro, Oregon 1994
ISBN 1-885223-01-3
© der deutschsprachigen Ausgabe:
2001 Deutscher Taschenbuch Verlag GmbH & Co. KG, München
Das Werk ist urheberrechtlich geschützt.
Sämtliche, auch auszugsweise Verwertungen bleiben vorbehalten.
Umschlagkonzept: Balk & Brumshagen
Umschlaggestaltung: ARTPOOL, München
Umschlagfoto: © Hans Ehrhardt
Fotografien innen: siehe Bildnachweis S. 127
Satz: Oreos GmbH, Waakirchen
Gesetzt aus der Baskerville MT
Druck und Bindung: Druckerei C.H. Beck, Nördlingen
Gedruckt auf säurefreiem, chlorfrei gebleichtem Papier
Printed in Germany · ISBN 3-423-36244-8

Dieses Buch ist dem VOLK DER LAKOTA

und allen

INDIANERN NORDAMERIKAS

gewidmet.

Inhalt

Frank Fools Crow und Mathew King

Vorwort

Mathew King, Häuptling Noble Red Man, weigert sich, in meiner Erinnerung an Präsenz zu verlieren. Von den vielen traditionellen »Ältesten« der amerikanischen Indianer, die ich im Laufe der Jahre kennengelernt habe, sticht er vor meinem inneren geistigen Auge besonders hervor. Hinsichtlich der spirituellen Erkenntnis und der poetischen Kraft ist er der Brillanteste von allen. Seine visionäre Botschaft findet Resonanz in meiner Seele und hallt in meinem Bewußtsein wider.

Als langjähriger Sprecher der traditionellen Häuptlinge der Lakota (Sioux) und offizieller Übersetzer von Frank Fools Crow war der berühmte große Lakotahäuptling Mathew King einer der herausragendsten Führer der großen Indianerbewegung, die in den späten sechziger Jahren begann.

Als unermüdlicher und furchtloser »geistiger Krieger« für die indianische Sache beriet er während und nach der historischen »Besetzung« der kleinen Reservatsgemeinde von Wounded Knee im Jahr 1973 die zornigen jungen Aktivisten der amerikanischen Indianerbewegung (American Indian Movement, AIM) sowohl in politischer als auch in spiritueller Hinsicht. Mit jenem bewaffneten Aufstand protestierten die Indianer gegen seit langem bestehende Mißstände im Reservat. Während Hunderte von Bundesmarschalls und FBI-Agenten die militanten Indianer in ihrem befestigten, umzäunten Bereich einundsiebzig Tage lang belagerten, standen Mathew und Fools Crow ihren Leuten innerhalb der Absperrung als besonnene Ratgeber zur Seite und verhandelten gleichzeitig mit den Bundesbeamten, so daß sich die verfahrene Situation schließlich auflöste. Einer der Beamten, der bestürzt über Mathews unnachgiebige Haltung war, bezeichnete ihn als »den Bösen in dem Haufen«. Doch es war nichts Böses an Mathew, er war lediglich wild und unerbittlich dazu entschlossen, sich dafür einzusetzen, daß seinem Volk Gerechtigkeit widerfuhr. »Ich bin ein indianischer Krieger«, sagte er mir einmal, und seine Augen blitzten. »Ich werde so lange kämpfen, bis sie mich töten!«

Das grösste Ziel seines Lebens war zu erleben, daß die Black Hills dem Volk der Lakota zurückgegeben wurden. Für Mathew war der Vertrag von Fort Laramie von 1868 ein heiliges Dokument, das die Black Hills und das sie umgebende Land den Lakota »zur völligen und uneingeschränkten Nutzung« zuwies. Nur fünf Jahre nach seiner Ratifizierung entdeckte eine Expedition, die von General George Armstrong Custer geleitet wurde, Gold in den Hügeln. Es dauerte nur wenige Monate, bis die Regierung der Vereinigten Staaten Tausende von Goldsuchern dazu ermunterte, in das Gebiet der Lakota einzufallen. Das war eine eklatante Verletzung des Vertrags von Fort Laramie. Diese und andere Vertragsverletzungen führten bald zum offenen Kampf zwischen den Truppen der Vereinigten Staaten und den »Feindseligen« – unter ihnen waren Crazy Horse und Sitting Bull. Der Kampf erreichte im Juni 1876 mit Custers Niederlage am Little Big Horn und der darauf folgenden Zerschlagung des bewaffneten indianischen Widerstands seinen Höhepunkt. 1877 verabschiedete der Kongreß einen Erlaß, der die Verstaatlichung der Black Hills beinhaltete. Es war ein Akt, den das amerikanische Schadenersatzgericht fast ein Jahrhundert später als den »schamlosesten Fall von unehrenhaftem Verhalten in unserer Geschichte« bezeichnete. Als der Oberste Gerichtshof der Vereinigten Staaten dem Volk der Lakota 1980 als finanzielle Entschädigung für den Diebstahl der Black Hills 106 Millionen Dollar zusprach, brachten Traditionalisten wie Mathew und Fools Crow ihr Volk dazu, das Geld abzulehnen und zu versuchen, wenigstens die Rückgabe eines Teils der heiligen Hügel zu erwirken. Das unbezahlte Geld ist noch immer in der US-Schatzkammer und belief sich aufgrund der angesparten Zinsen zum Zeitpunkt, als dieses Buch geschrieben wurde, auf knapp 400 Millionen Dollar.

Zum ersten Mal traf ich Mathew Ende Februar 1983. Der Autor und Fotograf Steve Wall und ich waren von Rapid City durch die karge Schönheit der Badlands South Dakotas zum Pine-Ridge-Reservat gefahren, um an einer Zeremonie auf dem Wounded-Knee-Hill teilzunehmen, mit der der zehnte Jahrestag der Besetzung von 1973 gefeiert wurde. An diesem Ort hatten die Truppen der Vereinigten Staaten 1890 in dem berüchtigten Massaker von Wounded Knee Hunderte von wehrlosen Männern, Frauen und Kindern der Gruppe um Häuptling Big Foot niedergemetzelt. Es war die letzte und vielleicht skrupelloseste »Schlacht« der Indianerkriege. Die Tatsache, daß sowohl das Massaker als auch die Besetzung auf diesem verlassenen Hügel stattfanden, hat den Ort doppelt tragisch, doppelt heilig gemacht.

Wir sahen zu, als der zeremonielle Häuptling Frank Fools Crow seine Heilige Pfeife zum Himmel hob und den Schöpfer um ein Zeichen bat, daß er seine indianischen Kinder immer noch liebte. Zu unserem Erstaunen tauchte am Ende der Zeremonie plötzlich ein einsamer Adler – nach indianischer Vorstellung die Augen des Schöpfers – an der blauen Himmelskuppel von South Dakota auf. Er kreiste ganze zehn Minuten hoch über unseren Köpfen, bevor er schließlich verschwand. »Seht! Dort oben!«, rief jemand. »Jetzt kennt ihr die Kraft von Wounded Knee!«

Am nächsten Tag fuhren wir nach Kyle, einem

kleinen Weiler im Reservat, um mit Mathew King zu sprechen, dem offiziellen Übersetzer von Fools Crow, der nur wenig Englisch sprach. Wir klopften an die Fliegengittertür von Mathews kleinem, von der Regierung gebauten Haus. Die Wände waren rissig, und der verblichene rosafarbene Anstrich blätterte an vielen Stellen ab. Ein älterer Mann kam zur Tür, sein Gesicht wurde durch ein fröhliches Lächeln erhellt.

»Kommt nur herein, ihr zwei«, sagte er mit einer warmen, einladenden Stimme und führte uns ins spärlich möblierte Wohnzimmer. Als wir versuchten, ihm zu erklären, warum wir gekommen waren, winkte Mathew ungeduldig ab.

»Ich weiß, warum ihr hier seid!«, verkündete er. »Der Weiße Mann kam in dieses Land und vergaß seine ursprünglichen Anweisungen. Wir Indianer haben unsere Anweisungen nie vergessen. Deshalb seid ihr hier, um nach den Anweisungen zu suchen, die ihr verloren habt. Ich kann euch nicht sagen, wie diese lauteten, aber vielleicht gibt es ein paar Dinge, die ich erklären kann ...«

Mit Mathew zu reden war ein beeindruckendes, manchmal überwältigendes Erlebnis. Nach außen hin sanft, witzig und sogar fröhlich, konnte er völlig reibungslos von unbeschwertem Lachen zu einer höchst anspruchsvollen philosophischen Betrachtung übergehen und dann ohne Pause eine niederschmetternde, flammende Rede über die Absurditäten des Weißen Mannes halten. Es schien fast so, als würden seine Worte selbst brennen und rauchen. Er blickte tief und fest in meine Augen und sagte: »Ihr habt unsere Leute getötet. Ihr habt unsere Häuptlinge getötet. Ihr habt unser Land gestohlen.« Ich wußte, daß er nicht über irgendeinen abstrakten Weißen Mann sprach. Er sprach über *mich*!

Und trotzdem war er ohne Haß. Er sprach nicht von Rache, sondern von Versöhnung. Trotz des jahrhun-

dertelangen Holocausts, dem sein Volk ausgesetzt war –
ein Holocaust, der für ihn immer noch stattfand – brachte
er die erstaunliche Botschaft zum Ausdruck, daß die Welt
grundsätzlich gut ist, daß nichts Böses an Gott, dem
Großen Geist, der Großen Wirklichkeit ist.

»Bringt Gutes in die Welt!«, sagte er mir immer
wieder. »Das ist das Wichtigste. Das ist die Aufgabe, die ihr
als Menschen habt!«

MATHEW LEHNTE Stereotypisierungen ab. »Ich bin kein
Perlen-und-Federn-Indianer und kein Karnevalshäupt-
ling«, sagte er einmal zu mir. »Ich bin echt.« Für die Wie-
derbelebung des Sonnentanzes bei Indianern im ganzen
Land spielte er zusammen mit Fools Crow eine entschei-
dende Rolle. »Das Wichtigste, was ich tue, ist lehren«,
sagte er. »Und das Wichtigste, was ich lehre, ist der Sonnentanz.« Bei diesem wichtigen Ritual der Prärieindianer
werden Spieße durch die Brustmuskeln von freiwilligen
Teilnehmern gebohrt. Diese müssen sich dann vom Heiligen Baum beziehungsweise vom Sonnentanzpfahl los-
reißen, während sie sich im Kreis herumbewegen und zur
Sonne blicken.

Obwohl Mathew dem lange verbotenen Sonnentanz und anderen heiligen Lakotazeremonien zu einem
Revival verhalf, sprach er häufiger von »Gott« als vom
»Großen Geist« – was zweifellos von seiner teilweise
christlichen Erziehung herrührte. Zwar verwendete er
häufig die Begriffe »Er« oder »Ihn«, wenn er von Gott
sprach, doch er wäre der erste, der darauf bestehen
würde, daß Gott keinem Geschlecht zugeordnet werden
kann. »Wir müssen diese Worte verwenden, weil man einfach nicht ›Es‹ sagen kann«, erklärte er. »Gott ist nie ein
›Es‹.«

Er sprach nicht das blumige viktorianische Englisch, das den Indianerhäuptlingen oft zugeschrieben wird,
sondern eine ungeschliffene Umgangssprache – die auf

entwaffnende Weise einfach und trotzdem in der Lage war, die feinsten Subtilitäten der Gedanken, Gefühle und des Geistes auszudrücken. Seine visionäre Botschaft richtet sich nicht nur an sein eigenes Volk, sondern an die gesamte Menschheit.

MATHEWS VISIONÄRE BETRACHTUNG der Geschichte stimmt möglicherweise nicht mit historischen Berichten überein. Aus diesen geht hervor, daß siouxsprechende Menschen als seßhafte Ackerbauern in Dörfern aus Erdhütten in Carolina lebten, bevor sie von den imperialistischen Irokesen und den eindringenden Weißen um 1600 nach Norden und Westen getrieben wurden. Zu Anfang des 18. Jahrhunderts waren sie bis zum Mississippital hinaufgewandert. Diese neue Heimat befand sich in den tiefen Wäldern des heutigen Minnesota. Da sie von den Ojibwa, die kurz zuvor von französischen Verbündeten Gewehre erhalten hatten, stark bedrängt wurden, stießen einige der Sioux aus den Wäldern weiter nach Westen in die Prärie, die Great Plains, vor – Berichten zufolge erreichten sie 1775 die Black Hills. Man nannte sie Western-, Teton- oder Lakota-Sioux. Das Wort Sioux ist eine französische Verfälschung eines Wortes der Ojibwa für »kleine Schlange« oder »Feind«.

Als sie die Prärie erreicht hatten, legten sich die Lakota allmählich eigene Waffen sowie Pferde von westlichen Stämmen zu. Sie tauschten ihre Hütten gegen die tragbaren Tipis der Prärieindianer und wechselten von einem »seßhaften Leben als Ackerbauern« zu einer neuen Existenz, die auf der Büffeljagd basierte. Innerhalb von einer oder zwei Generationen erfanden sie sich als Volk buchstäblich neu. Die klassische Ära des archetypischen Siouxkriegers, der auf seinem Pferd und mit seinem im Wind wehenden Adlerkopfschmuck auf Büffeljagd durch die Prärie prescht, begann erst um 1760, erreichte ihren Höhepunkt in der Zeit zwischen 1820 und 1860 und hatte bereits 1880 ein abruptes und tragisches Ende, gut ein Jahrhundert, nachdem sie begonnen hatte.

Wenn Mathew davon spricht, daß sein Volk seit »Millionen« von Jahren in den Black Hills lebt, spricht er nicht in historischem Sinne darüber, sondern aus der Sichtweise des Visionärs. Die weißen Historiker mögen »recht« haben, aber Mathew hat auf seine eigene Weise ebenfalls »recht«.

Mathew vermied es, das Wort *Sioux* zu verwenden. »Wir sind Lakota!«, erklärte er mit Nachdruck. In der komplexen und häufig verwirrenden Nomenklatur bilden die Lakota beziehungsweise Teton oder Westlichen Sioux die größte und bekannteste der drei Hauptgruppen der großen Siouxnation, die anderen beiden sind die Nakota – auch als Yankton oder Zentralsioux bekannt – und die Dakota – ebenfalls bekannt als Santee oder Östliche Sioux.

Das Ganze ist noch etwas komplizierter, da die Lakota selbst in sieben Stämme beziehungsweise Nationen unterteilt sind. Mathew gehörte zu den Oglala, deren Zentrum heute Pine Ridge ist. Die Oglalahäuptlinge Red Cloud und Crazy Horse bescherten den Regierungstruppen der Vereinigten Staaten zwei der schlimmsten Niederlagen während der Indianerkriege. Red Cloud schlug die Blauröcke 1866 im »Fetterman-Massaker« und setzte den Regierungstruppen während des sogenannten »Red-Cloud-Kriegs« von 1866–68 so sehr zu, daß die Regierung gezwungen war, einige Forts und Straßen aufzugeben. Crazy Horse (der Mathews Uronkel war) führte zusammen mit dem heiligen, legendären Lakota-Häuptling Sitting Bull die Krieger der Sioux an, als sie die Siebte Kavallerie von Custer am 25. Juni 1876 am Little Big Horn zerschlugen. Zirka ein Jahr später war Crazy Horse tot. Er wurde heimtückisch ermordet. Innerhalb weniger Jahre tourte der stolze Sitting Bull mit Buffalo Bills Wild-West-Show durch die Nation. Auch er wurde 1890, kurz vor dem Massaker von Wounded Knee, ermordet. Die ruhmreichen Jahre waren vorbei, und die Zeit der Reservate, in die auch Mathew King bereits hineingeboren wurde, hatte begonnen.

TONBANDAUFNAHMEN UND NOTIZEN unserer Gespräche mit Mathew waren die Grundlage für ein Kapitel in einem Buch, das Steve Wall und ich 1990 zusammen schrieben: *Hüter der Erde. Begegnungen mit Indianern Nordamerikas* (München 1992). Mathew hat das Buch nie gesehen. Er ging im März 1989 mit siebenundachtzig Jahren in die, wie er sie nannte, Große Wirklichkeit hinüber. Er hat oft mit mir über seine Pläne gesprochen, selbst ein Buch zu schreiben, aber in seinem turbulenten Leben, das er ganz seinem Volk widmete, hatte er immer zuviel zu tun und fand nie die Zeit dazu. Ich war froh, daß ich wenigstens einen Teil dazu beigetragen hatte, Lesern ein paar wertvolle Fragmente seiner visionären Botschaft zugänglich zu machen. Aber etwas ließ mir noch keine Ruhe.

Während eines unserer Gespräche hatte Mathew folgendes zu mir gesagt: »Du befindest dich auf einer geistigen Reise. Gott setzt dich für seine Zwecke ein. Er hat dich geschickt, damit du anderen das Leben der Indianer offenbarst. Du solltest dankbar sein, daß er eine Verwendung für dich gefunden hat.«

Aber waren meine geistige Reise und meine Verpflichtung gegenüber Mathew beendet, nun, da *Hüter der Erde* veröffentlicht worden war?

Als ich gerade ein anderes Projekt abgeschlossen hatte, folgte ich im letzten Jahr einem Impuls und kramte die alten Tonbänder und Notizen mit Mathews Worten aus einer verstaubten Schachtel hervor. Auf irgendeine unerklärliche Weise schienen sie mir zuzurufen. Ich hörte mir die Tonbänder immer wieder an, fertigte Wort für Wort eine Niederschrift an, ging die dicken Stapel mit den Notizen durch und kam zu dem Schluß, daß *Hüter der Erde* in der Tat nur der Anfang war. Es gab hier so viel mehr zu entdecken, wahrhaft wunderbare Gedanken, Visionen und Erinnerungen – eine ganze spirituelle Philosophie, die sich zusammenfügte, eine Art indianisches Testament oder Evangelium. Es reichte vielleicht nicht einmal für ein kleines Buch, aber es war genug, um mich auf den Gedanken zu bringen, daß das Buch, das Mathew sich vorgestellt hatte, mit zusätzlichem Material vielleicht doch noch zusammengestellt werden könnte. Ich erinnerte mich daran, daß Mathew einige Tonbänder und Notizen erwähnt hatte, die er erstellt hatte, um sie in dem Buch zu verwenden, das er schreiben wollte.

Vielleicht existierten sie noch?

Da die Chance bestand, daß es sie noch gab, fuhr ich nach Pine Ridge, um mit Mathews Tochter Lavon zu sprechen. Ich klopfte an die Fliegengittertür des Hauses, das ich 1983 schon besucht hatte. Ich konnte beinahe spüren, wie Mat dort stand, so wie vor zehn Jahren, ein reger Mann von zirka achtzig Jahren, mittelgroß und etwas stämmig, mit kurzem, weißem Haar und diesem besonderen, heiteren Lächeln.

Seine Tochter Lavon kam zur Tür. Ich erkannte Mathews Gesicht in ihrem wieder. Als ich ihr erklärte, daß ich gerne die Worte ihres Vaters in einem Buch herausgeben würde und daß ich nach Pine Ridge gekommen war, um nach mehr Material zu suchen, klatschte Lavon vor Freude in die Hände. Sie zeigte auf einen kleinen roten Koffer, der in einer Ecke des Wohnzimmers auf dem Boden stand, in demselben Raum, in dem Mathew und ich viele Gespräche geführt hatten.

»Die Sachen, die Sie suchen, sind gleich dort in dem Koffer«, sagte sie. »Mein Vater hat sie zurückgelassen. Sie finden darin eine Menge Notizen und alte Tonbänder von ihm, auf denen er seine Geschichten erzählt und von seinen Visionen berichtet. Bevor er gestorben ist, hat er mir gesagt, daß ich sie aufheben soll, daß eine Zeit kommen würde, in der sie wichtig wären. Jetzt weiß ich, warum.«

Am nächsten Tag fuhr ich zu den nahegelegenen Black Hills und bestieg Bear Butte, den heiligen Berg der Lakota, auf den Mathew so oft gegangen war, um »mit Gott zu sprechen«. Ich tat mein Bestes, um Zwiesprache mit Ihm zu halten. Ich gestehe, daß ich keine Vision hatte – doch ich ging mit der unerschütterlichen Entschlossenheit wieder hinunter, Mathews Buch fertigzustellen.

Mathews Präsenz hat mein kleines Büro im Erdgeschoß in den vergangenen Monaten erfüllt, als ich seine Worte aus meinem eigenen und Lavons Material zusammengefügt und in der Form herausgegeben habe, wie Sie sie auf diesen Seiten vorfinden.

Ja, Mathew, dein Buch ist endlich fertig.

Dies ist nun – ich hoffe so, wie er es gewollt hätte – die visionäre Botschaft von Mathew King, Häuptling Noble Red Man.

Harvey Arden

Hüter der Weisheit

Mathew King, Häuptling Noble Red Man

Wer ich bin

Ich bin ein Indianer. Ich bin eines von Gottes Kindern.

Es ist an der Zeit, daß die Indianer der Welt erzählen, was sie wissen: über die Natur und über Gott. Ich werde euch erzählen, was ich weiß und wer ich bin. Ihr solltet zuhören, denn ihr habt viel zu lernen.

Ich bin ein Vollblutindianer vom Pine-Ridge-Reservat in South Dakota. Mein indianischer Name ist Noble Red Man. Das war auch der Name meines Großvaters. Der Weiße Man hat seinen Namen falsch mit »King« übersetzt, daher werde ich Mathew King genannt. Aber mein richtiger Name, mein Lakotaname, ist Noble Red Man.

Ich spreche für das Volk der Lakota. Ihr nennt uns »Sioux«. Aber das ist der Name des Weißen Mannes für uns.
Unser richtiger Name ist »Lakota«. Das bedeutet »Gemeinschaft von Menschen« oder »Verbündete«.
So nennen wir uns.
Und so nennt uns Gott.

Nennt mich Häuptling der Lakota. Ich bin ein Sprecher der Häuptlinge. Ich sage, was ich zu sagen habe. Das ist meine Aufgabe. Wenn ich es nicht sage, wer würde es für mich sagen?

Ich bin ein Prophet der Indianer. Ich kann sehen, was kommen wird. Ich sage voraus, was geschehen wird. Ich wandere mit dem Großen Geist, mit Gott. Wakan-Tanka, so nennen wir ihn auf Lakota. Ich spreche mit Ihm. Der Große Geist führt mich in meinem Leben.

Manchmal kommt Er zu mir und sagt mir, was ich sagen soll. Andere Male spreche ich nur für mich selbst, für Mathew King.

❊

Das Große Geheimnis

MAN KANN WAKAN-TANKA nennen, wie man möchte. In der Sprache der Weißen nenne ich Ihn Gott oder Großer Geist.

Er ist das Große Mysterium, das Große Geheimnis. Das ist es, was Wakan-Tanka wirklich bedeutet: das Große Geheimnis.

Man kann Ihn nicht definieren. Er ist eigentlich kein »Er« und keine »Sie«. Wir müssen diese Worte verwenden, weil wir nicht einfach »Es« sagen können. Gott ist nie ein »Es«.

Also nennt Wakan-Tanka, wie ihr wollt.

Aber vergeßt nie, ihn anzusprechen.

Er möchte mit euch reden.

⌘

Mit Gott sprechen

WENN WIR EINEN weisen Rat hören möchten, gehen wir auf den Berg und sprechen mit Gott. Vier Tage und vier Nächte, ohne Nahrung und Wasser. Ja, ihr könnt allein auf einem Berg mit Gott sprechen. Ihr könnt alles sagen, was ihr wollt. Es ist niemand da, der euch zuhört. Es ist eine Sache zwischen euch und Gott und sonst niemandem.

Es ist ein großartiges Gefühl, mit Gott zu sprechen. Ich weiß es. Ich habe es hoch oben auf dem Berg getan. Es wehte ein kräftiger Wind. Es war dunkel. Es war kalt. Und ich stand dort und sprach mit Gott.

⌘

Gott zuhören

WENN ICH AUF den Hügel steige, um zu beten, spreche ich nicht nur zu Gott. Ich versuche sogar, schnell mit dem Reden fertig zu werden. Die meiste Zeit höre ich zu.

Gott zuzuhören – das ist auch beten.

Ihr müßt zuhören. Gott spricht in diesem Moment mit euch. Er sagt euch all die Worte, die ihr sagen, und all die Dinge, die ihr in diesem Leben tun müßt. Wenn ihr nicht zuhört, hört ihr nicht, was Gott euch sagt, und dann wißt ihr nicht, was ihr sagen und tun sollt.

So betet ihr also zu Gott.

Ihr *hört zu*.

⌘

Das Gebet

ICH BETE, BETE UND BETE, bevor ich zu Bett gehe. Jedesmal, wenn ich mitten in der Nacht aufwache, bete ich zu Gott. Ich danke Ihm für das Leben, das Er mir schenkt. Ich danke Ihm für sein Verständnis. Am Tag muß ich bestimmte Dinge erledigen. Menschen kommen zu mir. Sie möchten mit mir irgendwohin gehen und reden. Ich tue es, wenn ich kann. Sonst bleibe ich gerne zu Hause, widme mich dem Studium der Weisheit, bete und reinige meine Friedenspfeife.

Vielleicht denken manche Menschen, ich sollte etwas anderes tun. Aber Gott weiß, daß ich das Richtige tue.

Es gibt nur eine Zeit für das Gebet, und die ist jetzt. Es gibt nie eine bessere Zeit für das Gebet als jetzt. Jetzt ist die einzige Zeit, in der ihr beten müßt. Ihr könnt zu keiner anderen Zeit beten als genau jetzt!

✤

Visionen, Träume und Wunder

WIR LEBEN DURCH VISIONEN. Wir leben durch Träume. Wir leben durch Wunder. Wunder kommen in unserem täglichen Leben, in unseren Zeremonien, in unseren Gebeten auf uns zu.

Jeder Tag ist ein Wunder für uns.

Ich habe oft gesehen, wie ein Adler am leeren Himmel erschien und über unseren Köpfen seine Kreise zog, als wir in die Pfeife aus Adlerknochen bliesen. Der Adler ist der Zeuge des Großen Geistes, das Auge Gottes.

Ich hatte einmal einen Adlertraum. Ich verließ mein Bett und flog mit dem Adler unterhalb der Sonne und über den Wolken dahin. Nachdem wir da oben zehn Kreise gezogen hatten, flog ich wieder hinunter zu meinem Bett. Der Adler kam mit mir und umkreiste viermal meinen Kopf. Dann flog er fort.

Wenn der Adler sich nun während unserer Zeremonie zu uns gesellt, grüße ich ihn immer freundlich.

Er erinnert sich an mich, und ich erinnere mich an ihn.

Wir halten Ausschau nacheinander.

Der Adler ist mein Symbol. Auf dem Weg der Lakota hat man immer ein Symbol. Es gibt uns Kraft. Es erinnert uns an Gott. Es erinnert uns daran, Gutes zu tun.

Ein paar Missionare kamen einmal zu einer unserer Zeremonien. Sie sahen uns beim Tanzen zu. Ich sagte zu ihnen: »Schaut alle in den Himmel. Seht, der Adler ist gekommen, um unserer Zeremonie beizuwohnen!«

Der Adler kam näher und flog zu unserer Zeremonie hinab. Er stand dort auf einem Bein. Das andere Bein hielt er hoch. Er hielt zwei Federn in seiner Klaue und legte sie wie eine Krone auf seinen Kopf. Dann begann er zu tanzen. Wir tanzten mit ihm.

Wir alle weinten, als wir den Adler tanzen sahen. Sogar die Missionare. »Das können wir nicht glauben!«, sagten sie. »So etwas gibt es nicht!«

Aber es geschah.

Gott tanzte mit uns!

Ich habe die Geister unserer Vorfahren gesehen, die zu uns kommen, wenn wir unsere spirituellen Lieder für sie singen. Sie singen die ganze Nacht mit uns. Sie fassen uns an den Händen und tanzen mit uns, bis sie sich am Morgen langsam wieder auflösen.

Ich habe mich zu den Büffeln gesetzt, und sie haben mir nichts getan. Sie wissen, daß ich ein Indianer bin. Sie säugen ihre Kälber neben mir und lassen mich bei ihnen sein. Wenn irgendein weißer Mann das versuchen würde, wäre es ein Wunder, wenn er lebend davonkäme.

Ich bin auf den Berg gestiegen und habe darum gebetet, eine Vision zu erhalten, und ich habe mit Crazy Horse gesprochen. Ich habe mit Red Cloud und Noble Red Man gesprochen. Sie lehren mich Dinge, die die Lebenden vergessen haben, Dinge, die der Weiße Mann nie wissen oder verstehen wird.

❁

Gottes Anweisungen

DER WEISSE MANN ist in dieses Land gekommen und hat seine ursprünglichen Anweisungen vergessen. Wir Indianer haben unsere Anweisungen nie vergessen.

Gott hat Seine Anweisungen jedem Geschöpf gemäß Seinem Plan für die Welt gegeben. Er hat Seine Anweisungen allen Dingen in der Natur gegeben. Die Kiefer und die Birke, sie befolgen immer noch ihre Anweisungen und tun ihre Pflicht in Gottes Welt. Die Blumen, sogar die kleinste Blume, sie blühen und vergehen gemäß Seinen Anweisungen. Die Vögel, sogar der kleinste Vogel, sie leben und sie fliegen und sie singen gemäß Seinen Anweisungen.

Sollten die Menschen etwa anders sein?

❁

Achtung vor der Schöpfung

UNSERE ANWEISUNGEN SIND sehr einfach: Wir sollen die Erde und uns gegenseitig achten, wir sollen *das Leben selbst* achten. Das ist unser erstes Gebot, der erste Satz unseres Evangeliums.

Achtung zu haben ist unser Gesetz – Achtung vor der Schöpfung Gottes, vor allen Lebewesen auf dieser Erde, vor unserer Mutter Erde selbst.

Wir können der Erde oder dem Wasser keinen Schaden zufügen, weil wir ihren Platz in der Welt respektieren. Wir könnten nie alle Büffel töten, weil wir damit dem Grund, warum die Büffel hier sind, keine Achtung entgegenbringen würden.

Man muß Achtung vor dem Tier haben, das man tötet. Dadurch befolgt man Gottes Anweisungen.

Wir müssen die Träume anderer Menschen achten. Wenn wir ihre Träume achten, werden sie unsere Träume achten.

Wir müssen sogar Achtung vor denjenigen haben, die noch nicht geboren sind, vor den zukünftigen Generationen. Sie haben auch Rechte. Wir müssen sie achten.

Das ist unsere Religion und unser Gesetz. Das ist unser Weg. Das sind unsere Anweisungen.

Wir Indianer haben sie nicht vergessen, und das wird auch nie geschehen.

⌘

Güte

DAS GUTE IST der natürliche Zustand dieser Welt. Die Welt ist gut! Auch wenn sie schlecht zu sein scheint, ist sie gut. Gott ist nichts als Güte. Und die gleiche Güte ist in uns allen. Du kannst sie in dir selbst spüren. Du weißt, wenn du dich innerlich gut fühlst.

Ja, auch du bist Gottes Kind. Du bist gut. Du bist heilig. Achte dich selbst. Liebe die Güte in dir.

Und dann bringe diese Güte in die Welt.

Das sind die Anweisungen für jeden.

Gott hat dich so geschaffen, daß du dich gut fühlst, wenn du das Richtige tust. Achte darauf, wann du dich gut fühlst, und folge diesem guten Gefühl. Dieses gute Gefühl kommt von Gott. Wenn du dich gut fühlst, fühlt Gott sich auch gut. Gott und du, ihr fühlt euch gemeinsam gut.

⌘

Jeder ist heilig

JEDER IST HEILIG. Du bist heilig, und ich bin heilig. Jedesmal, wenn du blinzelst oder wenn ich blinzle, blinzelt Gott. Gott sieht durch deine Augen und meine Augen.

Wir sind heilig.

⌘

Gottes Gnade

GOTT ZEIGT SEINE GNADE jeden Tag. Egal, ob du dich irrst oder ob du recht hast, Er liebt dich trotzdem. Er liebt, was er erschaffen hat.

⌘

Miteinander teilen

WIR, DAS VOLK der Lakota, machen gerne Geschenke. Wenn etwas Wichtiges passiert, feiern wir, indem wir miteinander teilen, was wir haben. Es gibt nichts, was wir lieber mögen, als anderen Geschenke zu geben, mit anderen zu teilen. Sogar die Ärmsten von uns teilen, was sie haben. Wir sind ein Volk, das miteinander teilt.

Je mehr du gibst, desto mehr bekommst du zum Teilen. Gott gibt dir mehr von Seiner Güte, damit du sie mit anderen teilst. Wenn du mit anderen teilst, dann teilst du mit Gott.

Gott liebt Menschen, die mit anderen teilen.

⌘

Gott hat alles so einfach gemacht

GOTT HAT ALLES so einfach gemacht. Das Leben der Lakota ist sehr einfach. Wir tun, was wir wollen. Das einzige Gesetz, dem wir gehorchen, ist das natürliche Gesetz, Gottes Gesetz. Nur das befolgen wir.

Wir brauchen eure Kirche nicht. Wir haben die Black Hills als Kirche. Und wir brauchen eure Bibel nicht. Wir haben den Wind und den Regen und die Sterne als Bibel. Die Welt ist eine offene Bibel für uns. Wir beschäftigen uns seit Millionen von Jahren intensiv mit ihr.

Wir haben gelernt, daß Gott über das Universum herrscht und daß alles, was Gott geschaffen hat, lebt. Sogar die Steine sind lebendig. Wenn wir sie bei unserer Schwitzzeremonie verwenden, sprechen wir mit ihnen ... und sie antworten uns.

⌘

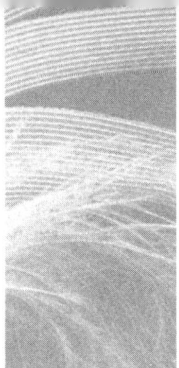

Gottes Tabernakel

DAS UNIVERSUM IST das Tabernakel Gottes.

Wenn der Wind weht, ist das der Atem Gottes.
Wenn du oder ich atmen, ist das auch der
Atem Gottes.

Gott hat uns Frieden geschenkt. Gehe morgen
ganz früh auf einen Berg und blicke ins Tal hinunter.
Sieh, wie friedlich es ist. Alles ist still. Das einzige, was
du hörst, sind singende Vögel, die Gott preisen.

⌘

Der Weiße Mann versteht alles falsch

DER WEISSE MANN versteht alles falsch. Er sagt, wir sind kriegerisch, wenn wir friedlich sind. Sieh nur, er bezeichnet diesen Kopfschmuck als Kriegsbekleidung. Natürlich haben wir ihn im Krieg verwendet, aber die meiste Zeit wurde er bei Zeremonien eingesetzt, nicht im Krieg. Jede Feder steht für eine gute Tat. Schau, ich habe sechsunddreißig Federn in meinem Kopfschmuck. Das hat nichts mit Krieg zu tun. Es hat etwas damit zu tun, wer wir sind.

Wenn wir Lieder singen, bezeichnet der Weiße Mann sie als Kriegslieder. Aber es sind keine Kriegslieder. Es sind Gebete an Gott. Wir haben Trommeln, daher bezeichnet der Weiße Mann sie als Kriegstrommeln. Aber sie sind nicht für den Krieg bestimmt, sie sind dafür da, um mit Gott zu reden. So etwas wie eine Kriegstrommel gibt es nicht.

Der Weiße Mann sieht, wie unsere Krieger sich ihre Gesichter anmalen, daher bezeichnet er das als Kriegsbemalung. Aber wir tun das nicht für den Krieg, sondern damit Gott unsere Gesichter deutlich sehen kann, falls wir sterben müssen.

Der Weiße Mann sagt, unser Lakotavolk sei erst vor ein paar Jahrhunderten zu den Black Hills gekommen. Er irrt sich. Wir sind seit Millionen von Jahren hier. Der Weiße Mann sagt, Gott hat die Welt in sieben Tagen erschaffen. Auch hier irrt er sich. Gott erschafft die Welt seit Millionen von Jahren und hat sein Werk noch nicht vollendet.

Er erschafft sie jeden Morgen neu, wenn die Sonne aufgeht. Wenn er das nicht täte, wäre die Welt – schwuppdiwupp! – verschwunden. Deswegen senden wir jeden Morgen und jeden Abend unsere Gebete zu Ihm hinauf – um Ihm für die Welt zu danken.

Wenn wir Ihm nicht danken würden, könnte es sein, daß Er nicht fortfahren würde, die Welt neu zu erschaffen. Alles wäre verschwunden.

Und was könnte der Weiße Mann uns dann noch stehlen?

⌘

Mathew King und Frank Fools Crow mit ihrem
zeremoniellen Adlerfeder-Kopfschmuck

Woher ich weiß, was ich weiß

DIE MENSCHEN FRAGEN MICH, woher ich weiß, was ich weiß.

Ich sage ihnen, daß ich den alten Leuten zugehört habe, den Ältesten. Sie geben ihre Geschichten weiter, die von Generation zu Generation überliefert wurden. Als ich ein Junge war, setzte ich mich immer zu den Großvätern und den Großmüttern und hörte ihnen zu.

Sie erzählten wunderbare Geschichten. Sie logen nie.

Vielleicht würden diese Geschichten einem Außenstehenden phantastisch erscheinen, aber sie waren wahr.

Von den Ältesten erfuhr ich etwas über die geistigen Krieger, die die Luft und das Universum kontrollieren.

Sie sagten mir die Namen von all den Sternen, dem Morgenstern, dem Abendstern, dem Großen Wagen und so fort.

Sie erweckten die Sterne zum Leben.

Gibt es irgendeine Macht, die größer ist als das?

⌘

Der Weg der Ältesten

WIR BEFOLGEN DIE LEHREN der Ältesten und unserer Vorfahren. Auf dem Weg der Lakota geben die Ältesten den Menschen spirituelle Führung. Die Weisheit von Tausenden von Jahren fließt über ihre Lippen.

Auf unserem Weg werden wir zu Ältesten, wenn wir älter werden.

Auf dem Weg des Weißen Mannes wird man nur älter, wenn man älter wird.

Die Familie

FÜR UNS IST DIE FAMILIE sehr wichtig. Die ganze Familie ist für die Kinder verantwortlich. Nicht nur die Mutter und der Vater, sondern die ganze Familie, die Großmütter und Großväter, die Tanten und Onkel, die Schwestern und Brüder. Sie alle lehren die Kinder. Sie alle achten aufeinander.

Es macht mich traurig, wenn ich sehe, wie die Regierung Altenheime für unsere Ältesten baut. Das ist der Weg des Weißen Mannes. Die Ältesten gehören ins Zentrum der Familie, sie dürfen nicht alleingelassen werden, um zu sterben.

Ohne sie ist es keine Familie mehr.

Ohne die Familie ist man niemand, nur ein Samen im Wind, ohne einen Garten, in dem man wachsen kann. Die Familie ist unser Garten. Sie ist ein Garten voller Seelen.

⌘

Das Totenlied

DER WEISSE MANN tut mir leid. Er hat kein Totenlied. Er muß schweigend sterben oder er muß schrei-
end sterben, aber er hat kein Lied, das er singen kann.
Ich habe mein Lied. Es war das Lied meines Großvaters und seines Großvaters vor ihm. Es ist eine Million
Jahre alt. Wir sind zu diesem Lied gestorben, bevor
der Weiße Mann je hierher gekommen ist.

Viele unserer eigenen Leute haben kein Lied
mehr. Sie haben es verloren oder vergessen. Sie wissen nicht, wie man stirbt. Viele Male habe ich mein
Lied die Häuptlinge gelehrt, die ihre Lieder nicht kennen.

Ich weiß, wie man stirbt.

Jeder Mensch braucht ein Lied, sonst stirbt er
wie ein Hund.

✂

Die Jahre unseres Lebens

Einst lebten die Menschen 900 Jahre oder länger. Eure Bibel sagt das, und in diesem Punkt glaube ich ihr. Es war am Anfang der Zeit, als Gott den Menschen Seine Macht zeigte. Die Menschen gehorchten dieser Macht und lebten ein langes und nützliches Leben. Aber dann richteten sich die Menschen gegen Sein Gesetz, und Er verkürzte die Anzahl ihrer Jahre. So wurden aus 800 Jahren 600, daraus wurden 400, daraus 200 Jahre und so weiter.

Wir Indianer erinnern uns an die Zeit, als einige unserer Leute 140 Jahre alt wurden. Das war vor ungefähr 90 Jahren. Heute liegt unsere Lebenserwartung im Reservat bei knapp vierzig Jahren.

Bald werden wir am Morgen zur Welt kommen und am Abend sterben.

Die Drei Kräfte der Welt

GOTT HAT DREI KRÄFTE in die Welt gebracht, die wir nutzen können. Wir brauchen sie alle. Wir Indianer kennen alle drei. Wir haben eine Million Jahre benötigt, um sie zu finden.

Es gibt eine materielle Kraft, eine spirituelle Kraft und eine übernatürliche Kraft. Die materielle Kraft ist die Güte dieser Erde. Die spirituelle Kraft ist die Güte der Menschen. Die übernatürliche Kraft ist die Güte Gottes, des Großen Geistes.

Die Drei Kräfte existieren getrennt voneinander. Sie sind nicht miteinander verbunden.

Es ist die Aufgabe der Menschen, die Verbindung herzustellen.

Wir verbinden die Drei Kräfte durch unsere Gebete, durch unsere Zeremonien, durch unsere Taten. Jede gute Tat ist eine Säule der Schöpfung. Jedes Gebet stützt die Welt. Unsere Zeremonie, unser Sonnentanz, bewahrt die Harmonie des Universums, indem sie die Drei Kräfte miteinander verbindet.

Die materielle Kraft hat den größten Einfluß auf die Menschen. Es ist die Kraft, die Gott uns geschenkt hat, damit wir die Dinge dieser Erde nutzen und genießen können.

Manche Menschen denken, sie sei die einzige Kraft. Sie sind wie diejenigen, die das Uran von dort, wo Gott es hingetan hat, aus dem Boden holen und eine Atombombe bauen, um Menschen zu töten. Dann gehen sie in ihre Kirche und rufen: »Gott segne uns! Hilf uns, Deine Welt zu beherrschen!«

Unmöglich! Gott hilft ihnen nicht. Sie können Seine Welt nicht beherrschen. Diese Welt gehört Gott, und nur Gott beherrscht die Welt.

Die zweite Kraft ist die spirituelle Kraft. Ohne die spirituelle Kraft wird die materielle Kraft alles Leben zerstören. Materialismus ohne Spiritualität ist der Fluch dieser Welt.

Die spirituelle Kraft ist die Kraft, Gutes zu tun. Es ist die Kraft zu beten, mit Gott zu sprechen, Ihm zuzuhören, Seine Anweisungen zu befolgen. Wir müssen das nicht tun. Es liegt bei uns.

Das ist die spirituelle Kraft, die zweite Kraft, die Gott uns geschenkt hat.

Sie ist das, was uns menschlich macht.

Die dritte Kraft ist die übernatürliche Kraft, die direkte Kraft Gottes. Sie durchdringt die Welt, die Er erschaffen hat. Sie bezieht sich auf Gott selbst, auf das Große Geheimnis.

Wir können sie nicht für unsere Zwecke nutzen. Das ist Zauberei.

Wir sind ihr Werkzeug.

Manchmal kommt die übernatürliche Kraft uns zu Hilfe. Wir können diese Kraft nicht kontrollieren, aber trotzdem kommt sie uns zu Hilfe, wenn wir sie brauchen. Wenn wir offen für Gott sind, wenn wir unsere spirituelle Kraft nutzen, dann wird Gott Seine übernatürliche Kraft einsetzen, um uns zu helfen.

Es ist die Kraft, die uns ewiges Leben schenkt. Es ist die Kraft, die unsere Gebete beantwortet.

Es ist die Große Wirklichkeit.

⌘

Die Große Wirklichkeit

MANCHMAL SEHE ICH über diese Welt hinaus. Ich sehe eine Große Wirklichkeit. Es ist die Große Wirklichkeit Gottes.

Man kann sie nicht wirklich beschreiben. Es gibt dort nichts Böses. Es ist alles gut. Es ist nichts Böses an Gott.

Die Welt, in der wir leben, kommt aus dieser Welt, so wie ein Tautropfen aus dem Morgenhimmel kommt, und wir Menschen kommen aus dieser Welt und kehren zu ihr zurück, genauso wie der Tautropfen.

Dorthin gehen unsere Gebete.

Dort gibt es Büffel und geistige Krieger auf ihren Pferden.

Dort gibt es kein Leid.

Es ist die Große Wirklichkeit, so nenne ich sie.

⌘

Wounded Knee

ALS WIR 1973 Wounded Knee besetzten, ging es um unser Überleben. Wir griffen zum Gewehr, weil es unsere Pflicht ist, als Volk zu überleben. Das sind die Anweisungen Gottes für uns. Wir müssen überleben. Wir mußten der Welt zeigen, wie unser Volk vernichtet wird. Die US-Regierung kann nicht verheimlichen, was sie uns angetan hat. Die Welt mußte es erfahren.

Jetzt wissen die Menschen es.

Es ist unsere Pflicht, wieder ein freies Volk und ein Teil der Welt der Nationen zu werden. Nach den Maßstäben der Vereinten Nationen sind wir eine Nation. Wir haben unsere eigene Sprache, unsere eigene

Religion, unser eigenes Land, unsere eigene Geschichte, unsere eigene Kultur, die bis zum Anfang der Zeit zurückreicht.

Das ist mehr, als eure US-Regierung vorzuweisen hat. Ihr habt eure Sprache und eure Religion von jemand anderem geliehen; ihr habt sie nicht geschaffen. Und ihr habt auch euer Land anderen weggenommen. Uns!

Wir Indianer sind ein großartiges Volk, ein friedliches Volk. Jeder einzelne von uns ist ein geborener Anführer. Wir können die Welt so vieles lehren, wir haben so viel, was wir anderen Nationen und Völkern geben können. Wir wollen unseren rechtmäßigen Ort. Ihr könnt uns nicht vor der Welt versteckt halten!

Wir mußten die Ermordung unseres Volkes stoppen, daher nahmen wir uns 1973 ein kleines Stück unseres eigenen Landes zurück, den heiligen Hügel von Wounded Knee, genau dort, im Pine-Ridge-Reservat. Dort haben sie 1890 Big Foot und seine Leute niedergemetzelt. Big Foots Leute hatten nichts getan. Es war im tiefsten Winter. Sie kamen von North Dakota herunter, um hier in Pine Ridge Schutz bei Red Cloud zu suchen. Sie waren halb erfroren und halb verhungert. Sie wollten nur überleben. Sie befolgten die Anweisungen Gottes.

Sie schlugen ihr Lager in Wounded Knee auf. Die Soldaten kamen mit Gewehren. Sie umzingelten

Big Foot und seine Leute wie Kriminelle. Es waren vorwiegend alte Männer, Frauen und kleine Kinder. Big Foot wollte nicht kämpfen. Er hatte bereits eine Lungenentzündung. Er war friedlich.

Die Soldaten stellten sie in der Kälte in einer Reihe auf und begannen, ihnen alle Waffen wegzunehmen. Der drittletzte Mann in der Reihe wurde von einem Soldaten sehr grob behandelt, daher nahm er sein Gewehr und schoß diesem in den Kopf. Diejenigen, die entkamen, haben unseren Leuten alles erzählt.

Dann begannen die Soldaten oben auf dem Hügel zu schießen. Sie erschossen jeden. Unsere Leute fielen zu Boden, und die Soldaten mähten Dutzende ihrer eigenen Männer nieder. Unsere Krieger versuchten, ihre Leute zu verteidigen. Sie kämpften verzweifelt, aber sie hatten keine Chance. Die Soldaten metzelten erst sie nieder, dann die Alten und Frauen und Kinder.

Hat man je gehört, daß eine ganze Familie, ein ganzes Volk wegen des Vergehens eines einzigen Mannes bestraft wurden? Ist das eure Gerechtigkeit? Ist es das, was eure Verfassung sagt? Das ist nicht Gottes Gesetz.

Dreihundert von uns metzelten sie nieder.

Unser Blut machte Wounded Knee heilig.

Deshalb wählten wir Wounded Knee für unsere Besetzung aus. Wir wollten niemanden erschießen. Natürlich hatten wir Gewehre, aber wir wollten sie nicht benutzen. Das FBI umzingelte uns. Ich war dort mit den anderen Ältesten. Wir waren die Friedensstifter. Unsere Krieger kamen zu mir und fragten mich, was sie tun sollten.

»Benutzt die Pfeife, die Heilige Pfeife«, sagte ich zu ihnen. »Sie ist mächtiger als irgendwelche Gewehre, mächtiger sogar als eine Atombombe!«

Einundsiebzig Tage hielten wir sie auf Distanz. Nicht die Gewehre taten das für uns. Es war die Kraft der Heiligen Pfeife, Gottes übernatürliche Kraft.

Somit verhinderten wir ein weiteres Massaker. Einige wurden verletzt, ein paar wurden getötet, aber wir befolgten Gottes Anweisungen. Wir überlebten.

Danach wurden viele unserer Krieger festgenommen und ins Gefängnis geworfen. Leonard Peltier und die anderen. Aufgrund falscher Beschuldigungen. Es ist ihnen egal, wen von uns sie kriegen. Hauptsache, sie bekommen einen Indianer zu fassen. Sie nehmen den ersten Indianer, den sie sehen. Das ist die Gerechtigkeit des Weißen Mannes.

Aber wir haben überlebt und wir werden weiterhin überleben.

Darum geht es bei Wounded Knee.

Ums Überleben.

⌘

Die Macht der Namen

AUF DEM WEG DER LAKOTA sind Namen wichtig. Namen haben Macht.

Mir wurden viele Namen gegeben. Jeder erklärt einen Teil von mir. Hinter jedem Namen steht eine Geschichte. Man gibt Kindern besondere Namen, um sie in ihrem Leben zu stärken. An dem Tag, an dem ein Kind seine Namen erhält, gibt es eine Zeremonie und es werden viele Geschenke gemacht. Die Familie beschenkt sich untereinander, mit teuren Dingen wie perlenbesetzten Hosen und Mokassins.

Meine Großmutter machte wunderbare Perlenverzierungen. Ihre Geschenke waren Schätze. Bei der Zeremonie meiner Namensgebung, als ich noch ein kleiner Junge war, gab sie mir einen meiner Namen ihrem Mann, Häuptling Fast Thunder, zu Ehren. Er war ein Medizinmann, ein großer Häuptling, der jedem half, daher nannten sie mich ihm zu Ehren »Helfer«. Ich versuche, diesem Namen mein ganzes Leben lang gerecht zu werden.

Fast Thunder selbst gab mir noch am selben Tag einen weiteren Namen. Er erzählte, daß die Pawnees einmal eine unserer Jagdgesellschaften über-

fielen. Es waren achtunddreißig unserer Krieger, und die Pawnees töteten alle bis auf drei. Drei entkamen. Einer davon war Fast Thunder. Er erzählte:

Ich wurde von zwei Pfeilen getroffen. Einer ging glatt durch meinen Körper hindurch und schaute aus meinem Rücken heraus. Ich brach die Spitze ab und zog den Schaft wieder heraus. Der andere Pfeil steckte nur zur Hälfte in meinem Körper, und ich zog auch ihn heraus. Ich versteckte mich in einer Senke im hohen Gras und verwendete meine Medizinkräuter zur Behandlung meiner Wunden.

Als die Pawnees abzogen, kroch ich heraus und sang Trauerlieder, während ich zwischen meinen toten Kameraden umherlief. Sie waren skalpiert und verstümmelt. Ihre Ohren und Finger waren abgeschnitten, ganze Hände waren abgeschnitten. Später würden wir uns rächen. Ich kehrte zum Lager zurück, und meine Leute pflegten mich wieder gesund. Es ist schwer, mich zu töten!

Also gab er mir den Namen »Hard to Kill«, und das hat mir geholfen, all diese Jahre am Leben zu bleiben.

Ich bin stolz darauf, Noble Red Mans Namen zu tragen. Der Weiße Mann hat ihn nicht verstanden, als er ihn in seiner Sprache mit »King« übersetzte. Wir haben keine Könige und keine Herrscher. Gott hat uns als Demokratie erschaffen. Bei unserer Regierungsform hat jeder die Gelegenheit zu sprechen. Und die Häuptlinge hören zu. Sie sind keine Diktatoren.

Der Weiße Mann denkt, er hat die Demokratie erfunden, doch Gott selbst hat die Demokratie erfunden!

Noble Red Man war ein spiritueller Führer, ein Mann des Friedens. Er lebte in der Nähe von Pierre, beim Bad River. Eines Tages, viele Jahre bevor ich geboren wurde, kamen ein paar Soldaten und erschossen ihn. Es heißt, Custers Neffe hat das getan. Er sagte: »Ich werde den ersten Indianer töten, den ich sehe.« Und das war mein Großvater Noble Red Man. Also starb er, weil er ein Indianer war.

Jetzt habe ich seinen Namen. Ich bin stolz darauf.

Sie gaben mir einen weiteren Namen zu Ehren meines Großvaters Crazy Horse. Ihr würdet ihn als meinen Großonkel bezeichnen, aber für unser Volk sind Großonkel Großväter.

Crazy Horse war der größte Krieger. Der Weiße Mann hat ihn nie gezähmt. Am Little Big Horn nahm er Custer und seine Blauröcke auseinander. Es heißt, er tötete 570 Feinde mit seinen eigenen Händen. Er betete und fastete regelmäßig in der Wildnis. Der Große Geist war bei ihm. Er hatte besondere Kräfte. Vor einer Schlacht rieb er sich mit einem heiligen Stein ein und streute Erde aus dem Loch einer Taschenratte über seinen Körper. Das machte alle Waffen machtlos gegen ihn. Wenn sie aus der Nähe auf ihn schossen, verfehlten sie ihn. Er hatte Gottes übernatürliche Kraft. Sie konnten ihn mit ihren Kugeln nicht treffen.

Oft ging er ganz alleine auf den Kriegspfad und tötete den Feind.

Also nannten sie mich ihm zu Ehren »Kills Enemy Alone«. Ich habe diese Kraft ebenfalls, aber ich wende sie nicht an.

⌘

Pfeifenzeremonie am Little Big Horn am 25. Juni 1976

Eine traurige Geschichte

Es GIBT EINE TRAURIGE GESCHICHTE über Fast Thunder und Crazy Horse. Beide waren meine Großväter. Sie kämpften gemeinsam gegen andere Stämme und die US-Soldaten. Beide liebten die Freiheit, aber Fast Thunder sah, daß der Indianer keine Chance hatte. Er sagte: »Die Weißen Männer sind so zahlreich wie das Gras, das in der Prärie wächst. Wir können nicht länger gegen sie kämpfen. Wir müssen mit ihnen zusammenarbeiten.« Schließlich erklärte er sich bereit, im Reservat zu leben. Er wurde ein Späher für die Armee.

Crazy Horse jedoch ging seinen eigenen Weg. Er war nicht bereit, sich dem Weißen Mann zu ergeben. »Tötet mich, wenn ihr wollt«, sagte er, »aber zumindest werde ich in Freiheit sterben!« Er weigerte sich, im Reservat zu leben.

Die Regierung beauftragte Fast Thunder und einige andere damit, Crazy Horse nach Fort Robinson zu bringen. Sie sagten ihm, daß Crazy Horse nichts passieren würde – daß sie nur ein Friedensgespräch mit ihm führen wollten. Schließlich half Fast Thunder, ihn zu überreden, und sie brachten Crazy Horse zum Fort. Crazy Horse vermutete, daß es ein Trick war, aber er wußte, daß seine Zeit gekommen war. »Mein Volk hat seine Freiheit sowieso verloren«, hörten sie ihn sagen, »wie kann ich ganz alleine frei sein?« Er war bereit zu sterben. Er kannte sein Totenlied und er muß es innerlich gesungen haben, als sie Fort Robinson durch das Tor betraten.

Fast Thunder glaubte, daß er etwas Gutes tat. Er dachte, daß er Crazy Horse rettete. Aber als sie in das Fort kamen, ergriffen die Soldaten Crazy Horse. Als sie ihn ins Gefängnis werfen wollten, griff er nach seinem Messer – der einzigen Waffe, die er hatte. Ein Soldat durchbohrte ihn von hinten mit seinem Bajonett, es ging mitten durch die Niere. Crazy Horse starb – aber er starb in Freiheit.

Crazy Horse hat häufig gesagt: »Wenn ich sterbe, komme ich als Donner und Blitz zurück.« Wenn es also donnert und blitzt, hören wir ihn immer noch. Manchmal, wenn ich auf den Bear Butte, unseren heiligen Berg in den Black Hills, steige, spricht er aus dem Himmel zu mir; seine Stimme ist der Donner, seine Zunge sind die Blitze.

Mein Großvater Fast Thunder war nicht mehr derselbe, nachdem die Soldaten ihn betrogen und Crazy Horse getötet hatten. Das war 1877. Er lebte bis 1914, aber er war nicht mehr derselbe. Ich lernte ihn kennen, als ich klein war. Er war ein guter Mann, ein großartiger Mann, der jedem half. Er wurde durch die Aufzucht von Rindern reich. Er hatte 707 Ponys, deshalb gaben sie ihm das Brandzeichen »707«. Aber das einzige, woran die meisten Leute sich erinnerten, war, daß er dabei geholfen hatte, Crazy Horse zu töten. Sie haben es ihn nie vergessen lassen. Die Menschen hatten keine Gnade mit ihm. Sogar heute haben sie ihm noch nicht verziehen.

Manchmal bin ich als Junge mit ihm in den Hügeln spazierengegangen, und er setzte sich am Fluß nieder und schüttelte immer wieder seinen Kopf.

»Sie haben mich reingelegt«, sagte er wieder und wieder. »Sie haben mich reingelegt! Sie haben mich reingelegt!«

Ich habe nie jemanden gesehen, der so traurig war.

⌘

Boshaftigkeit

WENN ICH BÖSE WERDE, bin ich zu nichts nütze. Ich erinnere mich daran, daß ich wütend wurde, wenn ich daran dachte, wie sie Noble Red Man und die anderen großen Häuptlinge ermordeten – Crazy Horse, Sitting Bull, Big Foot und all die anderen. Ich war ein hitzköpfiger junger Mann. Mein Zorn übermannte mich. Ich konnte nicht mehr richtig denken. Ich sagte: »Ich werde es ihnen auf jede erdenkliche Weise heimzahlen.« Und das tat ich auch: Ihr würdet wahrscheinlich das gleiche tun.

Ich werde nicht erzählen, was ich getan habe. Es gibt viele Dinge, die ich nicht erzähle. Sie gehören mir. Wir rächen uns auf viele Arten. Aber das macht uns nur boshaft.

Meine Frau kam schließlich zu mir. Sie sagte: »Tu das nicht mehr. Du wirst noch getötet werden. Und außerdem ist es *falsch*.«

Also hörte ich damit auf. Ich versuchte es statt dessen mit dem Frieden.

Der Frieden ist schwieriger, aber es ist der bessere Weg.

Der Frieden ist Gottes Weg.

Einer der anderen Namen, die sie mir gegeben haben, ist »Big Leggings«. Ich habe diesen Namen von einem anderen meiner Großväter erhalten. Ich weiß nicht warum, aber er trug immer gerne große Hosen. Er war ein Krieger, von jedem gefürchtet. Manche sagten, er sei ein boshafter Mann, da er an die Gewalt glaubte. Er ging in das Zelt eines Feindes, richtete ihn übel zu, nahm seinen Skalp und verstümmelte andere Körperteile. Er war ein boshafter Mann, und sie gaben mir seinen Namen. Vielleicht kommt daher meine boshafte Ader. Ich muß immer darauf achten.

Boshaftigkeit lastet schwer auf der Seele.

Wenn du mit dem Adler fliegen willst, kannst du nicht boshaft sein.

Häuptling Spotted Tail äußert sich über die Religion des Weißen Mannes

HIER IST DAS, was einer meiner Großväter, Häuptling Spotted Tail, vor einem Jahrhundert über die Religion des Weißen Mannes zu sagen hatte:

Ich mache mir Gedanken darüber, was ich glauben soll. Vor einigen Jahren kam ein, wie ich glaube, guter Mann zu uns. Er überzeugte mich von seinem Glauben. Und nach einer Weile trat ich seiner Kirche bei und wurde ein Methodist, da ich dachte, daß er mehr über diese Dinge wußte als ein ungebildeter Indianer. Nach einer Weile ging er fort. Ein anderer Mann kam und lehrte, und ich wurde ein Baptist. Dann kam ein anderer und lehrte, und ich wurde ein Presbyterianer. Jetzt ist wiederum ein anderer gekommen und will, daß ich ein Episkopale werde.

Häuptling Spotted Tail fuhr fort:

All diese Leute erzählen verschiedene Geschichten, und jeder will, daß ich glaube, sein besonderer Weg sei der einzige Weg, um gut zu sein und meine Seele zu retten. Ich bin nun zu der Überzeugung gekommen, daß sie entweder alle lügen oder daß sie nicht mehr darüber wissen, als ich es anfangs getan habe. Ich habe immer an den Großen Geist geglaubt und Ihn auf meine eigene Weise verehrt. Diese Menschen wollen offenbar nicht meinen Glauben an den Großen Geist verändern, sondern die Art und Weise, wie ich mit Ihm rede.

Die Weißen Männer haben Bildung und Bücher und müßten eigentlich genau wissen, was zu tun ist. Aber es gibt kaum zwei von ihnen, die sich darüber einig sind, was getan werden sollte.

⌘

Sitting Bulls Verteidigung

UND HIER IST DAS, was Sitting Bull, einer unserer anderen großen Häuptlinge, zur Verteidigung seines Charakters zu sagen hatte:

> Welchen Vertrag, den die Weißen ein-
> gehalten haben, hat der Rote Mann je
> gebrochen? Keinen!
>
> An welchen Vertrag, den die
> Weißen je mit dem Roten Mann ge-
> schlossen haben, haben sie sich gehal-
> ten? An keinen!
>
> Als ich ein Junge war, gehörte die
> Welt den Sioux. Die Sonne ging über
> unserem Land auf und unter. Wir
> schickten zehntausend Reiter in den
> Kampf. Wo sind die Krieger heute?
> Wer hat sie ermordet? Wo ist unser
> Land? Wer besitzt es?
>
> Welcher Weiße Mann kann be-
> haupten, daß ich jemals sein Land oder
> einen Penny seines Geldes gestohlen
> habe? Trotzdem behaupten sie, ich sei
> ein Dieb.

Häuptling Sitting Bull fuhr fort:

Welche weiße Frau, wie einsam sie auch gewesen sein mag, wurde je als Gefangene von mir beleidigt? Trotzdem sagen sie, ich bin ein schlechter Indianer.

Welcher weiße Mann hat mich je betrunken gesehen? Wer ist je hungrig zu mir gekommen und wieder fortgegangen, ohne gegessen zu haben? Wer hat mich je meine Frauen schlagen oder meine Kinder schlecht behandeln gesehen? Welches Gesetz habe ich gebrochen?

Ist es denn falsch, daß ich meine eigenen Leute liebe?

Bin ich schlecht, weil meine Haut rot ist? Weil ich ein Sioux bin? Weil ich dort geboren wurde, wo meine Väter lebten? Weil ich für mein Volk und mein Land sterben würde?

Die Black Hills

DIE BLACK HILLS sind dort, wo wir aus der Erde gekommen sind, wo unsere Vorfahren begraben sind, wo wir hingehen, um heilige Zeremonien durchzuführen. Sie sind der Geburtsort der Lakota.

Der Weiße Mann will, daß wir für hundert Millionen Dollar unsere Black Hills hergeben. Aber hundert Milliarden wären nicht genug. Nicht einmal vierhundert Milliarden! Das würde nicht einmal den Schaden bezahlen, den ihr angerichtet habt.

Ihr könnt uns nie bezahlen, was ihr gestohlen und zerstört habt. Ihr könnt nie all die Adler bezahlen, die ihr getötet habt, all die Büffel, all die wilden Tiere. Nein, und ihr könnt nie für all die Indianer bezahlen, die ihr getötet habt ...

Die Black Hills sind nicht zu verkaufen.

Was wäre, wenn wir euch hundert Millionen Dollar für den Vatikan oder für Jerusalem bieten würden?

⌘

Wie wollt ihr uns bezahlen?

DER WEISSE MANN DENKT, er kann alles kaufen. Er denkt, mit Geld kann er unsere Black Hills kaufen. Er irrt sich ein weiteres Mal. Gott hat uns diese Hügel geschenkt. Sie sind heilig. Ihr könnt sie nicht haben!

Ihr denkt, es sei ein Versehen, daß der Weiße Mann uns in diese Hügel und Badlands zurückgetrieben hat, nur um daraufhin festzustellen, daß das Land reich an Gold und Kupfer und Kohle und Uran ist? Jetzt wollt ihr das Uran. Aber ihr könnt es nicht haben. Wir sind die Hüter des Urans von Großmutter Erde. Ihr könnt es nicht haben. Ihr werdet es nur dafür verwenden, um Gottes Welt zu zerstören.

Ich habe einen eurer Kongreßabgeordneten gefragt, woher die Vereinigten Staaten all das Geld nehmen würden, von dem euer eigener Oberster Gerichtshof sagt, daß ihr es uns schuldet, weil ihr die Black Hills gestohlen habt. Er sagte: »Wieso, wir bekommen es vom US-Finanzministerium.«

Ich mußte lachen. Ich sagte zu ihm: »Und wo hat euer Finanzministerium das Geld her? Ich sage dir, woher ihr es habt. Ihr habt es von uns gestohlen. Das ist nicht euer Geld. Es ist das Geld der Indianer. Ihr habt unsere Hügel und unsere Rohstoffe gestohlen und dann habt ihr den Gewinn in eure Bundesschatzkammer gesteckt. Und nun werdet ihr ein bißchen von diesem Geld nehmen, von dem Geld, das ihr gestohlen habt, und es uns als einmalige Bezahlung zurückgeben.

Ihr werdet uns mit unserem eigenen Geld bezahlen!

Ihr denkt wohl, wir sind verrückt, aber wir sind es nicht.

Wir wollen unsere Hügel zurückhaben!«

⌘

Ihr habt euch nie bei uns bedankt

IHR WEISSEN MÄNNER habt alles genommen und uns nichts gegeben, aber am schlimmsten ist, daß ihr uns nie gedankt habt!

Ihr müßt eure Art zu denken und zu handeln ändern. Ich muß mich nicht ändern, sondern ihr. Ich lebe durch Gottes Kraft und ich tue, was Er von mir möchte.

Wir Indianer hatten ein gutes Leben, ein glückliches Leben, bis ihr hierhergekommen seid und uns das Leben schwergemacht habt. Wer hat euch das

Recht gegeben, das zu tun? Ihr habt unsere Leute getötet. Ihr habt unser Land gestohlen. Aber Gott hat uns dieses Land geschenkt. Ihr könnt es uns nicht wegnehmen!

⌘

Gottes Urteil: Eine Prophezeiung

ICH SEHE VIELE DINGE VORAUS, die sich ereignen werden. Gott wird die Welt richten. Er ist zornig. Ich bin traurig, daß das geschehen wird. Er wird nicht die ganze Welt zerstören, aber jedes Lebewesen wird umkommen, und es kann möglicherweise eine Million Jahre dauern, bevor wieder ein neues Leben beginnt. Alles wegen der Niedertracht des Weißen Mannes.

Großmutter Erde wird alleine sein. Sie wird sich ausruhen.

Ihr werdet fallen und ihr werdet hart landen. Ihr werdet weinen und klagen. Ihr werdet feststellen, daß ihr nicht ungestraft mit der Zerstörung von Gottes Welt davonkommt.

Ihr dürft nicht glauben, daß ihr ungestraft davonkommt.

Gott wird das Böse auf dieser Welt auslöschen. Ihr könnt seine Zeichen sehen. Der Vulkan von Mount St. Helens an der Westküste – das ist ein Zeichen. Und es wird Erdbeben geben. Vielleicht werden die Hälfte von Kalifornien und die Hälfte von Washington und Oregon im Wasser versinken. Das gleiche kann im Osten und im Süden geschehen.

Ihr werdet Vulkanausbrüche, Erdbeben und Hurrikane erleben. Gott sendet auf diese Weise Zeichen an den Weißen Mann und bestraft ihn dafür, daß er seine Schuld bei den Indianern nicht bezahlt hat, und dafür, daß er das Land durch seine Gier zerstört. Und es wird schlimmer werden, bis ihr uns bezahlt, was ihr uns schuldet und was ihr uns versprochen habt ... bis ihr uns gebt, was uns gehört.

Ihr Weißen werdet das Allerwichtigste lernen – daß Gott das Wichtigste ist, was es gibt.

Wir Indianer haben keine Angst zu sterben. Wir haben einen Ort, an den wir gehen, einen besseren Ort. Deshalb macht es uns nichts aus. Wir sind bereit. Wir wollen nur, daß ihr Weißen Bescheid wißt. Vielleicht könnt ihr euch ändern, vielleicht könnt ihr das, was kommt, aufhalten. Es ist nicht mehr viel Zeit.

Es wird geschehen. Glaubt es mir. Sagt ihnen, daß ich, Noble Red Man, das gesagt habe!

⌘

Ein Schild macht Besucher des Bear Butte State Parks darauf aufmerksam, daß Indianer in diesem Gebiet beten und man diesen Bereich nicht betreten darf.

Eine Vision

AUF DEM BERG BETETE ICH einmal zu Gott, daß er uns ein Mittel gegen Diabetes geben möge. Und als ich dort stand, sagte jemand: »Dreh dich um!« Also drehte ich mich um, und dort stand die schönste Indianerin, die ich je gesehen hatte.

Sie hatte langes, schwarzes Haar und ein wunderschönes Gesicht. Sie hielt etwas in der Hand und streckte es mir entgegen. Es waren kleine, dunkle Beeren, die man an einem bestimmten Baum findet. Sie streckte sie mir entgegen, aber bevor ich nach ihnen greifen konnte, war sie verschwunden.

Ich weiß, wer sie war. Sie ist diejenige, die unserem Volk die Heilige Pfeife gebracht hat. Wir nennen sie die Weiße Büffelkalbfrau. Gott hat sie geschickt, um die Indianer zu retten.

Das war vor langer Zeit. Damals waren wir am Verhungern. Die Kinder weinten. Frauen konnten ihren Babys keine Milch geben, weil sie nichts zu essen hatten. Unsere Jäger zogen weit hinaus, um Büffel und Wild zu jagen, aber es gab nichts, nicht einmal ein Kaninchen, nicht einmal einen Vogel. Wir wurden dafür bestraft, daß wir uns von Gott entfernt hatten, daß wir Ihn nicht erkannten. Er war zornig auf uns.

Aber trotzdem liebte Gott uns. Er wollte Seinen indianischen Kindern die Pfeife geben, damit wir mit Ihm sprechen und zu Ihm beten konnten, wann immer wir wollten. Deshalb sandte Gott diese wunderschöne Weiße Büffelkalbfrau mit der Pfeife zu uns. Sie warf sich das Bündel mit der Pfeife über den Rücken und zog los, um sie den Indianern zu bringen. Aber unterwegs begegnete sie zwei Kriegern. Sie setzte ihr Bündel ab und sah sie an. Sie sahen, wie schön sie war. Mann, du kannst so einer Frau nicht widerstehen! Kein Mann ist stark genug, um einer Frau zu widerstehen. Man schafft es einfach nicht.

Nun, der erste Krieger hatte solche Angst, als er sie erblickte, daß er einfach hinfiel. Er hatte zu viel Angst, um sich zu bewegen. Aber der andere Krieger hegte sofort schlechte Gedanken bezüglich dieser Frau, weil sie so hübsch war. Daher rief sie den Krieger mit den schlechten Gedanken zu sich, und eine Wolke hüllte ihn ein. Als die Wolke sich verzog, lag er einfach tot da. Er bestand nur noch aus Haut und Knochen, und überall auf seinen Überresten wanden sich Würmer.

Danach begab sich die Weiße Büffelkalbfrau mit dem guten Krieger dorthin, wo eine Gruppe von unseren Lakotaleuten ihr Lager aufgeschlagen hatte. Sie rief die Leute zu einer Zeremonie zusammen und schenkte uns die Heilige Pfeife.

»Ihr habt euch von Gott entfernt«, sagte sie. »Er kann eure Gebete nicht hören. Deshalb sind die

Dinge für euch schlecht gelaufen. Also benutzt ab jetzt, immer wenn ihr während eurer Zeremonie betet, diese Heilige Pfeife, die ich euch heute schenke. Sie wird euch Weisheit, Mut und Stärke verleihen. Wenn ihr sie verwendet, wird der Große Geist eure Gebete hören und sie beantworten.«

Als sie das Lager verließ, hüllte eine Wolke sie ein, und ein weißes Büffelkalb kam aus der Wolke heraus und rannte in die Hügel und zum Himmel hinauf.

Bis heute haben wir die Heilige Pfeife bewahrt und verehrt. Wenn wir damit beten, lenkt die Weiße Büffelkalbfrau den Tabakrauch und unsere Gebete zum Großen Geist hinauf. Er hört uns und segnet Seine indianischen Kinder.

Als ich sie oben auf dem Berg in meiner Vision sah, wußte ich, daß es die gleiche Frau war. Aber sie verschwand, bevor ich die Beeren aus ihrer Hand nehmen konnte.

Später, als ich zuckerkrank wurde, hatte ich die Beeren vergessen. Sie schickten mich zu Ärzten des Weißen Mannes. Sie gaben mir Tabletten. Jeden Morgen mußte ich Insulin nehmen. Ich verbrachte viel Zeit im Krankenhaus.

Dann erinnerte ich mich an die Weiße Büffelkalbfrau und die kleinen Beeren. Ich pflückte ein paar davon, kochte sie, goß den Saft ab und trank ihn. Er war so bitter, daß er den Zucker direkt aus meinem Körper herauszog. Die Ärzte untersuchten mich und waren verblüfft. Sie sagten, der Diabetes sei verschwunden. Ich mußte kein Insulin mehr nehmen. Sie fragten mich, wie ich das geschafft hätte, aber ich sagte es ihnen nicht.

Gott hat uns Medizin gegeben, damit wir sie mit Menschen teilen, aber wenn der Weiße Mann seine Finger im Spiel hat, verlangt er einen hohen Preis und läßt dich sterben, wenn du das Geld nicht hast. Gottes Medizin ist kostenlos. Gott verlangt keine Gebühren. Wir geben Gott kein Geld. Wir schenken Ihm unsere Gebete und bringen Ihm unseren Dank entgegen. Und manchmal schenken wir Ihm das einzige, was wirklich uns gehört. Unser Fleisch. Unseren Schmerz. Darum geht es beim Sonnentanz: Wir schenken Gott unser Fleisch, unseren Schmerz und – man darf es nie vergessen – ein Dankesgebet.

⌘

Die Kraft der Pfeife

DIE FRIEDENSPFEIFE IST unsere stärkste Waffe. Sie
ist unsere heilige Kraft. Sie ist Gottes Kraft. Die Pfeife
vermittelt zwischen den Menschen und Gott.

Um die Pfeife zu empfangen, um Gottes
Geschenk zu empfangen, muß man ein reines Herz,
einen reinen Geist, einen reinen Körper und eine
reine Seele haben. Und, vergeßt das nie, nachdem
die Gebete gesprochen wurden, muß man dieses Leben leben – ein Leben mit Gott. Das ist der schwerste
Teil.

⌘

Gottes Medizin

DIE MENSCHEN FRAGEN MICH, ob ich ein Medizinmann bin. Nun, ich bin keiner. Einige unserer Leute waren in der Vergangenheit mit dieser Kraft gesegnet. Sie sind jetzt alle fort.

Heute wissen unsere Leute nur ein bißchen von der Medizin. Es ist ein besonderes Wissen. Man kann es nicht in Büchern lesen. Man kann es nicht erben. Man kann es nicht kaufen oder verkaufen. Dieses Wissen kann nur durch den Großen Geist zu einem kommen.

Vor fünfzig oder sechzig Jahren hatten wir große Medizinmänner. Ich werde euch von einem erzählen, den ich kannte, als ich ein Junge war. Das war 1908 oder 1910. Meine Familie begab sich von

Pine Ridge zu einer Sommerversammlung in Santee, Nebraska. Damals gab es keine Autos. Wir reisten in Planwagen, und es dauerte zwölf Tage, um nach Santee zu kommen. Auf dem Weg dorthin war es so heiß, daß meine kleine Schwester – sie war ungefähr fünf Jahre alt – krank wurde. Es war ein Hitzschlag oder etwas ähnliches. Als wir in Santee ankamen, war sie bewußtlos und fast tot. Wir bauten ein Tipi auf und legten sie hinein, damit die Sonne ihr nicht mehr schaden konnte.

Meine Mutter ging zu unserem Cousin Vine Deloria. Er sah meine Schwester kurz an und sagte: »Laßt uns Dr. Queen holen – er ist hier!«.

Also rannten sie los und brachten einen Mann zum Tipi. Er trug einen Anzug und eine Krawatte, keine indianische Kleidung. Aber er hatte schwarzes Haar, das bis zu seiner Hüfte reichte. Er war ein Medizinmann – einer der größten.

Er legte eine Hand auf den Körper meiner Schwester. »In ihrem Körper ist eine kalte Stelle«, sagte er. »Sie ist kalt und sie breitet sich aus. Wenn wir das nicht verhindern, wird sie sterben. Wir müssen sie von innen her aufwärmen. Das ist das einzige, was funktionieren wird.« Er ging hinaus, und nach einer kurzen Weile kam er mit einigen Wurzeln zurück. Jede war ungefähr so groß wie mein kleiner Finger. Er schabte die Schale ab und schnitt sie dann in Scheiben.

»Ich brauche eine Holzschale«, sagte er. »Wir müssen diese Wurzeln kochen.«

Damals verwendete man eine Holzschale, wenn man etwas Spirituelles opfern wollte. Man verwendete nicht die Schale des Weißen Mannes.

»Wie willst du sie denn in einer Holzschale kochen?«, fragte meine Mutter ihn.

Dr. Queen sagte: »Das wirst du schon sehen.«

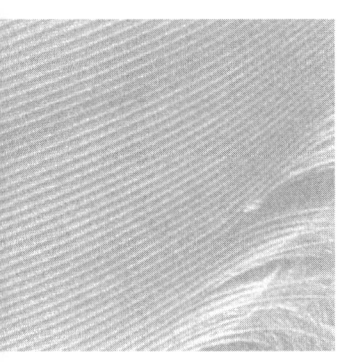

Also gab sie ihm eine Holzschale mit Wasser. Dr. Queen gab die Wurzeln in die Schale. Dann stellte er sie auf einen Tisch und hielt seine Hände darüber, so wie man seine Hände über einen heißen Ofen hält. Ein Gruppe von Leuten versammelte sich um ihn herum. Sie sahen ihm zu und fragten sich, wie er das Wasser zum Kochen bringen würde.

»Seht her!«, sagte er.

Sie sahen zu. Bald darauf sagte jemand: »Seht! Seht!«

Die Wurzeln begannen sich im Wasser zu bewegen, zunächst nur ein wenig, dann immer mehr, bis es so schien, als wären sie lebendig. Sie schlängelten im Wasser umher wie Schlangen.

Und dann begannen sie zu rauchen!

Aber es gab kein Feuer. Da war nur die Holzschale, die auf dem Tisch stand. Doch die Wurzeln begannen zu rauchen. Bald darauf begann das Wasser zu kochen und zu dampfen, so wie Wasser, das auf einem Herd kocht. Aber da war kein Herd.

»Das ist Gottes Kraft«, sagte uns Dr. Queen.

Dann gab er die Schale meiner Mutter.

»Seihe das ab«, sagte er, »und dann gib es ihr. Flöße ihr den Sud mit einem Holzlöffel ein«.

Also gab meine Mutter die heiße Brühe meiner Schwester, die immer noch schlief. Sie flößte sie ihr mit einem Holzlöffel ein und ließ sie dann weiterschlafen.

An diesem Abend beteten sie um sieben Uhr für meine Schwester. Sie sangen spirituelle Lieder für die Geister. Ich lief zwischen den Betenden und dem Tipi hin und her, um zu sehen, wie es meiner Schwester ging. Ich dachte, sie würde sterben. Alle dachten das.

Eine Stunde später standen wir alle um ihr Lager versammelt. Wir weinten. Und dann öffnete sie ihre Augen. Sie setzte sich auf, als würde sie von einem Nickerchen erwachen. Sie gähnte. Sie rieb sich die Augen.

Sie sah uns an.

»Warum weint ihr alle?«, fragte sie.

Dr. Queen sagte: »Gebt ihr noch etwas Brühe zum Trinken.« Also gab meine Mutter ihr noch etwas Brühe, und sie trank sie.

»Jetzt laßt sie ausruhen«, sagte Dr. Queen.

Also gingen wir zu der Versammlung zurück und sangen noch mehr Lieder für die Geister. Das war ungefähr um neun Uhr.

Und plötzlich erschien sie! Meine kleine Schwester kam direkt auf mich zu und stellte sich dort, wo wir sangen, neben mich. Sie lächelte. Ich fragte sie, ob es ihr gut ginge.

»Mir fehlt nichts«, sagte sie. Und so war es auch. Sie erinnerte sich nicht einmal daran, daß sie krank gewesen war.

Also das ist die Kraft von Gottes Medizin.

⌘

Die eigene Kraft finden

JEDER MENSCH MUSS seine eigene Kraft finden, denn jeder von uns verfügt über eine gewisse Kraft. Suche in dir selbst nach dieser Kraft, erkenne, wie du einen Zugang zu ihr finden kannst und nutze diese Kraft dann in Harmonie mit Gott – für Gutes und nicht für Schlechtes.

⌘

Schlechte Taten

ALL UNSERE SCHLECHTEN TATEN sind wie schmutzige Flecken auf einem Spiegel. Wenn wir nach Gott suchen, sehen wir Ihn nicht deutlich, weil es so viele schmutzige Flecken gibt. Und Er kann uns auch nicht sehen.

⌘

Lügen

UNSERE WELT IST HEILIG.

Wir lügen nie, weil Gott nie lügt.

Es ist ein Naturgesetz: Man kann nicht lügen und ungeschoren davonkommen. Das ist Gottes Gesetz. Man muß die Wahrheit sagen.

Wenn ich etwas Falsches tue und ihr mich darauf ansprecht, sage ich: »Ja, ich habe einen Fehler gemacht. Ich habe es getan.«

Ich würde nicht versuchen zu lügen. Ich weiß, daß Gott zuhört.

Wenn man lügt, muß man sein ganzes Leben mit dieser Lüge leben.

Nichts lastet schwerer auf der Seele als eine Lüge. Denkt an all die Lügen, die der Weiße Mann den Indianern erzählt hat. Er hat 371 Verträge mit uns geschlossen, und er hat jeden gebrochen. Alles Lüge. Das ist eine schreckliche Last auf seiner Seele. Er denkt, er ist ungeschoren davongekommen. Aber er kann nicht ungeschoren davonkommen. Gott wird ihn bezahlen lassen.

Gott vergißt eure Lügen nicht.

Und wir Indianer vergessen sie auch nicht.

⌘

Ein Gespräch mit einem Kongreßabgeordneten

ICH HATTE EIN GESPRÄCH mit einem Kongreßabgeordneten darüber, warum wir die Black Hills nicht verkaufen. Er fragte mich:»King, warum braucht ihr Indianer dieses ganze Land? Ihr tut nichts mit dem Land, das ihr bereits habt. Warum braucht ihr noch mehr? Wir geben euch etwas Geld anstatt dieser Hügel.«

Ich antwortete ihm – mitten in der Kongreßhalle, vor all den Menschen, die um uns herumstanden und zuhörten. Ich sagte:

»Du sagst, ich tue nichts mit meinem Land? Also, was meinst du mit ›tun‹? Für den Weißen Mann bedeutet ›etwas tun‹, Dinge zu verändern, alles zu zerstören, die Wälder abzuholzen, Dämme in den Flüssen zu errichten und den Himmel zu vergiften. Der Weiße Mann will, daß wir wie er sind und Fabriken bauen und Motels und Hamburgerbuden. Wir wollen diese Dinge nicht!

Du sagst, ich tue nichts mit unserem Land? Was ich tue, ist folgendes: Ich lebe dort nach dem Gesetz Gottes. Das tue ich dort.«

Ich sagte zu dem Kongreßabgeordneten: »Ich möchte es nicht verändern oder zerstören. Es ist mein Land. Gott hat mir ein Anrecht darauf gegeben. Ihr könnt das nicht ändern, egal wieviele Lügen ihr erzählt. Keine Macht der Erde kann das ändern. Wer glaubst du, wer du bist, daß du mir sagen willst, was ich auf meinem eigenen Land zu tun habe? Nur Gott sagt mir das!«

Ich begann, ziemlich wütend zu werden. Das war meine boshafte Ader, die wieder zum Vorschein kam.

Schließlich sagte ich lauter zu ihm, als ich es hätte tun sollen: »Du hast keinen blassen Schimmer, wovon du sprichst!«

Ich weiß, ich hätte das nicht sagen sollen. Er ist ein Kongreßabgeordneter, ein hohes Tier. Leute standen um uns herum und hörten zu. Es waren auch ein paar Damen darunter.

Mathew King

Ich sagte zu den Damen: »Entschuldigen Sie meine Ausdrucksweise, aber mir ist nach Fluchen zumute!« Alle lachten, außer dem Kongreßabgeordneten.

Ich dachte, ich hätte sie beleidigt. Aber statt dessen applaudierten sie mir – dort, mitten in der Kongreßhalle.

⌘

Warum ich tue,
was ich tue

NEULICH DACHTE ICH: Warum tue ich all diese
Dinge? Wer gibt mir die Anweisungen?

Nun, sie kommen aus meinem Geist. Es ist
eine Art Stimme, die sagt: »Mathew, du mußt das
tun!« Also stehe ich auf und tue es sofort – weil ich
weiß, daß es Gott ist, der mir Anweisungen gibt.

Ich weiß, daß Gott bei mir ist. Ich glaube an
die Kraft Gottes. Wir leben durch seine Kraft,
während wir hier sitzen und reden. Wir denken mit
Gottes Kraft. Es ist Gottes Geist. Unser Geist ist ein
Teil von Gottes Geist. Unser Geist ist Teil der Natur,
ein Teil von Gott.

Für Indianer ist die Natur Gott, und Gott ist
die Natur.

Wenn ich also für mein Volk arbeite, arbeite
ich für Gott, arbeite ich für die Natur.

Für wen arbeitet *ihr*?

⌘

Was ihr tun müßt

DIE MENSCHEN FRAGEN MICH, was sie tun können, was jeder von uns tun kann. »Mr. King«, sagen sie, »wie können wir den Indianern helfen? Wie können wir die Welt etwas besser machen?«

Ich kann es ihnen eigentlich nicht sagen. Es muß von ihnen selbst kommen, nicht von mir. Ich suche ihre Herzen. Ich versuche, ihre Herzen zu finden. Wenn ich ihr Herz berühren kann, weiß ich, daß die Welt besser wird.

Das versuche ich zu tun. Eure Herzen zu berühren. Wenn mir das gelingt, dann werdet ihr wissen, was ihr tun müßt.

⌘

Über mein Leben

IHR SOLLTET WISSEN, wer euch diese Dinge sagt, deshalb werde ich ein bißchen über mein Leben erzählen.

Ich wurde am 16. Februar 1902 in Grass Creek in South Dakota geboren, einer kleinen Gemeinschaft von Indianern aus verschiedenen Gruppen. Unsere Leute siedelten sich dort an, noch bevor es 1890 zu dem Massaker an Häuptling Big Foot und seinen Leuten bei Wounded Knee kam. Das Erste, was sie dort bauten, war ein Schulhaus, dann eine Kirche – eine Episkopalkirche.

Meine Mutter, White Antelope, war Fast Thunders Tochter. Mein Vater, Yellow Shirt – Jefferson King –, war Noble Red Mans Sohn. Er war ein Mann der Show. Er und meine Mutter waren mit Buffalo Bills Wild-West-Show unterwegs. Wenn sie nicht unterwegs war, arbeitete meine Mutter als Näherin.

Ich wurde hauptsächlich von meinen Groß-eltern aufgezogen. Sie gaben mir eine gute Erziehung. Sie lehrten mich etwas über den Großen Geist und auch über den christlichen Gott. Ich glaubte an beide, da man mir sagte, daß beide das Gleiche waren.

Wißt ihr, als der Weiße Mann hierherkam, schickte er die Missionare, um uns zu erobern. Sie wollten die Indianer bekehren, aber sie waren ver-dammt clever. Sie bekehrten nie alle von uns. Das war nicht ihr Ziel. Sie bekehrten immer nur einige von uns. Sie machten einige von uns zu Christen, während die anderen ihre Traditionen beibehielten. Sie wuß-ten, daß wir auf diese Weise immer untereinander kämpfen und daher nie stark sein würden. So ver-suchten sie, uns zu erobern – und sie versuchen es noch heute.

Wir waren sehr arm. Am Anfang aßen wir »Vertragsnahrung« – das war die Nahrung, die die Regierung uns gab, um die Verträge zu erfüllen. Ich erinnere mich an diese Rationen. Der Speck war gelb und roch schlecht. Der Reis und die Bohnen waren voller Mäusekot. Wir lasen den Kot heraus, bevor wir aßen. Wir haben es überlebt.

Grass Creek war ein rauher Ort für Kinder. Es gab viele Kämpfe dort. Ich mußte mich schon von klein auf verteidigen. Ich wurde ein guter Kämpfer. Meine Mutter sagte mir immer, daß es falsch sei zu kämpfen, aber ich hatte keine Wahl, sonst wäre ich schlimm verprügelt worden. Mit der Zeit hatten die größeren Jungen Angst davor, mit mir zu kämpfen. Sie waren diejenigen, die am Ende weinten, nicht ich. Schließlich ließen sie mich in Ruhe. So überstand ich auch das.

Mrs. Hanson, eine Engländerin, die in der indianischen Tagesschule unterrichtete, sagte meiner Mutter, daß ich versuchen sollte, Englisch in der Schule zu lernen, da meine Mutter mich ohnehin jeden Tag mitnahm, wenn sie zu ihrer Arbeit als Näherin ging. Meine Mutter war einverstanden, und so wurde ich schon in sehr jungen Jahren ein Schüler. Ich war erst dreieinhalb Jahre alt.

Ich brauchte lange, um die englische Sprache zu lernen. Ich verstand zu Anfang gar nichts. Ich konnte nur Lakota sprechen, daher sprach ich Lakota mit Mrs. Hanson, wenn ich versuchte, Englisch zu lernen. Eines Tages sagte sie zu meiner Mutter: »Mrs. King, ich kann Mathew offensichtlich kein Englisch beibringen, aber er bringt mir sehr gut Lakota bei!«

Ich wurde ein guter Schüler, aber ich eignete mir auch eine schlechte Angewohnheit an. Ich be-

gann zu rauchen, als ich vier Jahre alt war. Ich habe
das von meiner Ururgroßmutter Cane Woman. Sie
war über neunzig Jahre alt und liebte es zu rauchen,
aber ihre Hände zitterten so sehr, daß sie keine
Zigaretten drehen konnte. Damals rauchte man
Bull-Durham-Tabak. Man drehte die Zigaretten
selbst. Niemand wollte all die Zigaretten für Cane
Woman drehen, also ließ sie mich das für sie machen.
Am Anfang war es schwierig für meine kleinen Finger, aber nach einer Weile beherrschte ich es. Sie
sagte immer: »Mathew, dreh mir eine und zünde sie
mir an.« Ich probierte selbst ein paar Züge, und es
schmeckte mir. Eines Tages sagte sie: »Dreh dir selbst
eine«, und das tat ich. Danach wurde ich ein über-
zeugter Raucher.

Cane Woman war blind, und ich mußte sie mit ihrem Stock herumführen. Die Leute lachten sehr, wenn sie uns sahen. Sie war die einzige Frau, die rauchte, und ich war der einzige kleine Junge. Wir müssen ein lustiges Bild abgegeben haben, beide Bill-Durham-Zigaretten rauchend, während ich sie am Ellbogen umherführte.

Später, als sie mich die Friedenspfeife bei Zeremonien rauchen ließen, konnte ich es von Anfang an gut. Sie sagten mir, daß der Rauch unsere Gebete direkt zum Großen Geist hinaufträgt, daher war ich Cane Woman dankbar, daß sie es mir beigebracht hatte.

Ich wurde schon sehr früh ein Cowboy. Ich war mit meinen sechs oder sieben Jahren der jüngste. Meine beiden Großväter züchteten Rinder und Pferde. Ich melkte die Kühe morgens und abends. Sie ließen mich die Kälber der Milchkühe reiten, und wenn sie mich abwarfen, lachten und lachten sie. Ich setzte mich immer wieder hinauf, weil ich mir nie wehtat. Allerdings verletzte ich mich später im Leben noch häufig, wenn ich Pferde ritt oder zuritt.

Ich kann jedes wilde Pferd reiten. Ich habe keine Angst vor ihnen. Ich weiß nicht warum. Ich war wilder als sie alle. Ich kann mit den Pferden sprechen.

Dann schickten meine Eltern mich zur Oberschule, einer Militärschule. Ich blieb vier Jahre dort. Ich spielte die erste Trompete. Ich hatte den Dienstgrad eines Oberst, aber ich wurde nicht dazu ernannt. Ich hätte ernannt werden können, wenn ich noch ein Jahr dort geblieben wäre, aber meine Eltern wollten, daß ich die Militärschule verließ und in ein Priesterseminar ging, um zu studieren und Geistlicher zu werden. Also tat ich das.

Ich wurde schon früh im Christentum unterrichtet. Mein Vater und meine beiden Onkel wurden von einem Geistlichen namens Bischof Hare bekehrt, der uns anfangs half, Nahrung zu bekommen, als sie uns unsere Gewehre und Pferde weggenommen hatten und wir nicht mehr jagen konnten. Wenn man konvertierte, bekam man bessere Sachen zu essen. Die Bisons waren mittlerweile verschwunden. Damit sie helfen konnten, die verhungernden Lakota zu ernähren, wurden mein Vater und meine Onkel zu Missionaren ihrer eigenen Leute – ordinierte Geistliche in der anglikanischen Gemeinde beziehungsweise in der Episkopalkirche. Nach der Oberschule schickte meine Mutter mich in ein Priesterseminar, da ich in ihre Fußstapfen treten sollte – es war das indianische Priesterseminar in Springfield. Ich spielte gerne Trompete im Schulorchester, aber ich wollte kein Geistlicher werden.

Dort im Springfield-Priesterseminar dachte ich viel und ernsthaft nach. Ich kam zu dem Schluß,

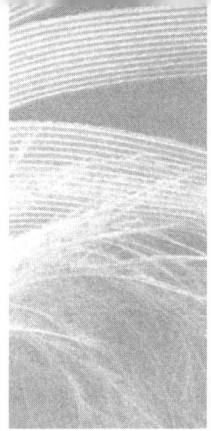

daß das, was ich lernte, nichts für mich war. Es war der Weg des Weißen Mannes, nicht der Weg der Indianer. Daher sprach ich mit dem Bischof, Bischof Roberts. Ich fragte ihn: »Bischof, kann ich meine Missionsarbeit auf eine andere Weise tun als dadurch, Geistlicher zu werden?«

Er fragte zurück: »Woran denkst du?«

Ich antwortete: »Wie Sie wissen, sagt die Bibel, daß man sein Brot im Schweiße seines Angesichts verdienen soll. Aber im Moment wissen viele unserer Leute nicht, wie sie arbeiten sollen – sie wissen nicht, wie sie ihr Brot im Schweiße ihres Angesichts verdienen sollen. Das ist es, was ich tun möchte, statt ein Geistlicher zu werden. Ich möchte unseren Leuten beibringen zu arbeiten, damit sie tun können, was die Bibel sagt, und ihr Brot im Schweiße ihres Angesichts verdienen, anstatt hungrig zu bleiben.«

»Das ist gut!«, sagte Bischof Roberts. »Ich werde dich hundertprozentig unterstützen!«

Also verließ ich das Priesterseminar. Ich suchte nach Arbeitsmöglichkeiten für Indianer. Im ersten Jahr brachte ich 250 Indianer aus dem Reservat nach Sheridan in Wyoming und Scotts Bluff in Nebraska. Ich organisierte Arbeit als Mais- und Zuckerrübenpflücker für sie. Im darauffolgenden Jahr nahm ich 500, im nächsten 700 Indianer mit, und schließlich organisierte ich Arbeit für 3000 Menschen – einige waren Indianer, andere Mexikaner, und sogar Weiße waren dabei. Zunächst warb ich die Menschen nur an, dann arbeitete ich als Feldmanager. Nach einer Weile wurde ich Aufseher. Ich brachte vielen Indianern bei, wie man arbeitet, wie man in der Welt des Weißen Mannes lebt, wie man im Schweiße seines Angesichts überlebt. Ich tat das viele Jahre lang.

Ich lebte unter den Weißen. Ich hatte viele andere Jobs. Ich arbeitete als Maschinist in der Flugzeugindustrie. Ich arbeitete für Zuckergesellschaften. Ich arbeitete als Bauarbeiter für die Regierung. Ich arbeitete mich immer hoch und wurde Aufseher oder

Vorarbeiter. Überall wo ich arbeitete, half ich den Indianern. Ich half ihnen, Jobs zu bekommen und zu überleben.

1940 ernannten mich meine Leute, die Oglala-Lakota in Pine Ridge, zum Unterhäuptling. 1958 machten sie mich zum Vollhäuptling. Ich wurde ein Sprecher für die Häuptlinge. Die sieben Gruppen der Lakota wählten mich zum Präsidenten. Ich wurde auch zum Vorsitzenden einer internationalen Ratsversammlung von Indianern, des International Indian Treaty Council, gewählt – so wurde ich ein Sprecher für 280 Stämme. Einmal war ich Leiter von sechs verschiedenen Organisationen. Ich reiste nach Washington, um im Namen meines Volkes zu sprechen. Ich reiste nach Frankreich, England, Deutschland, Holland, Südamerika – ich reiste auf der ganzen Welt umher. Ich arbeitete und lebte für meine Leute, um ihr Leben zu verbessern.

Jetzt bin ich über achtzig. Ich gehe alles langsamer an. Ich habe mich von den meisten Dingen zurückgezogen. Im Moment beschäftige ich mich mit der Geschichte der indianischen Religion. Ich versuche, all die Dinge zurückzuholen, die wir verloren haben. Ich bringe Indianern im ganzen Land den Sonnentanz bei. Ich zeige den Menschen, wie man eine Schwitzhüttenzeremonie durchführt, wie man die Wurzeln des heiligen Sonnentanzbaumes mit unserem Blut nährt, wenn wir Gott unser Fleisch opfern. Ich lehre sie, wie man mit Gott spricht. Das ist der beste Job von allen.

Dies sind also ein paar Dinge, die ich in meinem Leben gemacht habe. Es war ein hartes Leben, aber ein gutes Leben. Ich würde kein anderes leben wollen.

⌘

Bevor der Weiße Mann kam

KEIN VOLK AUF DER ERDE hat je eine solche Freiheit genossen, wie wir Indianer es taten, bevor der Weiße Mann in dieses Land kam. Alles war frei. Wir waren frei, und das waren auch die Tiere und die Vögel und die Flüsse und das ganze wunderbare Land von einem Ende bis zum anderen. Alle frei. Alle rein. Alle glücklich. Es war der freiste, reinste und glücklichste Ort im ganzen Universum.

Wir waren die Waldkinder des Großen Geistes und lebten frei gemäß Seinem Gesetz.

Dann stießen Kolumbus und seine Truppe zufällig auf dieses Land. Wir bedauern, daß dies geschah.

Unsere Anweisungen sagten uns nicht, wie wir mit dem Weißen Mann umgehen sollten. Wir hießen ihn willkommen, als er hierherkam. Wir gaben ihm etwas zu essen. Wir kümmerten uns um ihn. Wir glaubten, daß Gott ihn hierhergeschickt hatte, um uns zu helfen.

Gott gab dem Weißen Mann Kräfte, die wir noch nie gesehen hatten – materielle Kräfte. Er sollte diese Kräfte mit uns teilen, um das Leben für uns alle zu verbessern. Er sollte diese materielle Kraft im Dienste der spirituellen Kraft einsetzen. Er sollte die beiden miteinander verbinden. Er hat es nicht getan. Statt dessen nutzte er seine materiellen Kräfte, um unser Land und unsere Freiheit zu rauben.

Unsere großen Häuptlinge sind nun fort. Unsere Büffel sind fort. Das Land, das wir liebten, ist verloren. Sie bauten Straßen über die verschwindenden Pfade, auf denen wir einst entlangschritten. Unsere Waffen, unsere Bogen und Pfeile, unsere Tomahawks sind in den Museen. Sie verkaufen unsere Pfeilspitzen und sogar unsere Knochen als Souvenirs. Vielleicht wäre es nicht so schlimm für uns, wenn wir uns nicht daran erinnern würden, wie es einmal war. Wir könnten einfach so werden wie alle anderen.

Nur eines ist trauriger, als sich daran zu erinnern, daß man einmal frei war, und das ist zu *vergessen,* daß man einmal frei war. Das wäre am allertraurigsten. Das ist etwas, das wir Indianer nie tun werden.

⌘

Eine Botschaft an den Weißen Mann

GOTT HAT UNS AUF DIESE ERDE GEBRACHT, den Roten Mann und den Weißen Mann. Ich weiß nicht warum. Es gibt einen Grund dafür. Ich habe mein ganzes Leben lang danach gesucht und ich muß leider sagen, daß ich ihn nicht herausgefunden habe. Ich kann nicht verstehen, warum er euch hierhergeschickt hat, um Seine eigene Schöpfung zu zerstören. Es ist ein Mysterium. Aber Gott war und ist immer ein Mysterium. Ich versuche, mit dem Mysterium zu leben, selbst wenn ich es nicht verstehe.

Wir sind beide Gottes Kinder. Als der Weiße Mann hierherkam, sagte er, daß er unser Vater ist. Aber das ist er nicht. Nur Gott ist unser Vater, und die Erde ist unsere Mutter. Wir Indianer können das beweisen, da unsere Haut die Farbe von Mutter Erde hat. Gott wollte, daß wir in Frieden leben. Er hat eine Aufgabe für jeden von uns. Er will nicht, daß einer von uns den anderen tötet.

Es hat einen langen Krieg zwischen unseren beiden Völkern gegeben. Er hat fünfhundert Jahre gedauert. Wir wollen, daß er beendet wird. Vielleicht denkt der Weiße Mann, daß er bereits gewonnen hat. Aber man kann nicht gewinnen, wenn man sich gegen Gott stellt, gegen die Natur. Das einzige, was man erhält, ist Gottes Zorn und Gottes Strafe.

Gott wird immer der Gewinner sein.

Der Weiße Mann hat seinen eigenen Weg. Er brachte ihn von der anderen Seite des Ozeans mit. Er glaubt daran, obwohl ich nichts Gutes sehen kann, das daraus entstanden ist. Wir glauben nicht daran. Es ist nicht unser Weg.

Ihr habt eure Heilige Bibel, und wir haben unsere Heilige Pfeife. Vielleicht möchte Gott, daß es eine Bibel und eine Pfeife gibt. Wir versuchen nicht, euch zu bekehren, und wir wollen nicht, daß ihr versucht, uns zu bekehren. Wir wollen nur, daß unsere zwei Völker in Frieden und in gegenseitigem Respekt leben und daß jeder Gott auf seine Weise dient.

Kann der Weiße Mann das nicht akzeptieren?

Wir verurteilen nicht alle Weißen. Es gibt viele gute weiße Menschen. Sie führen ein gutes Leben. Sie tun anderen nichts Böses. Sie leben mit Gott. Wir hassen niemanden. Haß verletzt den Hassenden mehr als denjenigen, der gehaßt wird. Wir haben keinen Haß in unserem Herzen. Wir hoffen, daß kein Haß in euren Herzen ist. Wir öffnen unsere Herzen für euch und breiten unsere Arme aus.

Wenn ich ehrlich bin, weiß ich nicht, ob wir jemals wirklich zusammenkommen können. Aber ich bin ein Träumer und ich werde euch meinen Traum erzählen.

Eines Tages werden sich der Rote Mann und der Weiße Mann mit allen Stämmen der Menschheit zusammensetzen, und wir werden unsere Probleme gemeinsam lösen. Wir werden alle Gottes Gesetz befolgen. Wir werden sogar zusammen beten. Ihr werdet es auf eure Weise tun, und wir werden es auf unsere Weise tun, aber wir werden es alle gemeinsam tun.

Eines Tages werden wir gemeinsame Zeremonien haben, und der Adler wird kommen und sich zu uns gesellen. Er wird mit uns tanzen. Ihr werdet erfahren, wie es ist, mit dem Adler zu tanzen.

Es ist wahr. Wir können alle mit dem Adler tanzen. Wir können alle mit dem Adler fliegen.

Gott würde das gefallen, das weiß ich. Es ist bald soweit. Ich werde bald fort sein, daher werde ich es wahrscheinlich nicht erleben, aber meine Enkelkinder werden es erleben – oder ihre Enkelkinder.

Ja, es kann geschehen. Wir werden alle gemeinsam mit Gott tanzen!

⌘

Erinnerungen an Mathew

Während ich dieses Material gesammelt habe, hatte ich die Gelegenheit, mit einigen von Mathews Freunden, seiner Familie und Kollegen zu sprechen – Menschen, an dessen Leben er Anteil hatte und das er beeinflußte. Hier sind einige ihrer Erinnerungen.

JOE FLYING BY, ein traditioneller Lakota-Ältester aus dem Standing-Rock-Reservat, erinnert sich:

Mathew King war ein großartiger Mann, ein großzügiger Mann. Er widmete sein Leben seinem Volk. Er teilte alles, was er hatte, mit anderen.

Ja, er war ein großer Häuptling. Es gibt Häuptlinge, die über den Menschen stehen wollen. Doch Mathew hat nie versucht, über uns anderen zu stehen. Deshalb war er ein großartiger Mann.

Er war ein Sänger, ein berühmter Sänger unter unseren Leuten. Er hat uns beigebracht, wie man all die Lieder aus lang vergangenen Zeiten singt.

Das erste Mal traf ich Mathew im Sommer beim Sonnentanz in Green Grass, South Dakota, im Cheyenne-River-Reservat, wo die Heilige Pfeife aufbewahrt wird. Mathew war der Sänger, aber er wußte, daß er älter wurde und weitere Sänger brauchte. Darum bat er mich: »Bitte bleib hier und hilf mir. Wir brauchen Sänger. Ich bringe dir die Lieder bei, die gesungen werden.« Also lehrte er mich einige neue Lieder, Lieder, die er selbst erfunden hatte. Ich singe sie immer noch, so wie er sie mir beigebracht hat. Immer wenn wir diese Lieder heute singen, singt Mathew mit uns!

Am nächsten Tag nahm er mich beiseite. »Ich weiß, wer du bist«, sagte er zu mir. »Du bist ein Sänger und du wirst mein Sohn sein, mein Adoptivsohn.« Deshalb blieb ich vier Tage dort beim Sonnentanz, und seit dieser Zeit war er für mich mein Vater. Er machte mich zu seinem Adoptivsohn. Er war ein Vater für uns alle. Er teilte seine Lieder mit uns, so wie er sein Leben und alles, was er hatte, mit uns teilte. Er gab uns alles. Er schenkte uns sein Herz.

Ja, Mathew King war ein großer Mann.

DAVE CHIEF, ein Lakota-Ältester aus dem Pine-Ridge-Reservat, erinnert sich:

Als ich ein Junge war, war Mathew bereits ein Ältester. Jeder kannte ihn. Er sprach für die Menschen. Er bewahrte die alten Traditionen. Er war immer da, wenn wir ihn brauchten.

Mathew konnte besser sprechen als irgendein anderer. Er konnte Worte so einsetzen, daß man ihn verstand. Er konnte Dinge gut erklären. Er log nie. Man glaubte ihm immer.

Er war ein Vertragsmann. Er vergaß nie die Verträge, die wir einmal unterschrieben hatten. Er bemühte sich sein ganzes Leben darum, die Black Hills zurückzubekommen. Bei jeder Gelegenheit sprach er über den Fort-Laramie-Vertrag von 1868 und über die anderen Verträge.

Ich erinnere mich daran, daß er mit Pferd und Wagen zu den Versammlungen kam. Er stellte sich auf den Wagen und rief uns alle zusammen. Und er stand dort und erzählte uns alles über die Verträge. Er las sie uns Wort für Wort vor. Dann erklärte er, was diese Worte bedeuten, ein Wort nach dem anderen, und er sagte uns, daß wir sie nie vergessen dürften. Er sorgte dafür, daß wir sie nicht vergaßen!

⌘

CHARLES ABOUREZK, ein Rechtsanwalt aus Rapid City, der im Laufe der Jahre sehr viel mit rechtlichen Fällen der Indianer zu tun hatte, erzählt uns folgendes über Mathew:

Jeder sah zu Mathew auf. Er war das, was Indianer einen »echten Indianer« nennen. Es ist schwer, in Worte zu fassen, was das genau bedeutet, da man über viele Jahre miterleben muß, wie solch ein Mensch handelt, wie er auf Situationen reagiert und daß er die Bedürfnisse der Menschen immer über die eigenen Bedürfnisse stellt. So war Mathew – ein völlig selbstloser Mann. Er war einer der letzten aus der alten Generation der Indianer, die mit vollkommener Sicherheit spürten, daß sie im Recht waren, und ein unerschütterliches Gefühl für ihre eigene indianische Identität hatten. Für sie war Religion etwas, das man lebt, nicht etwa eine starre Sammlung von Glaubensvorstellungen. Mathew King war einer der religiösesten Menschen, die ich je gekannt habe.

Man erwirbt sich nicht den Ruf und die Achtung, die er bei den Indianern genoß, ohne es wirklich verdient zu haben. Er machte sich überhaupt nichts aus materiellen Dingen. Man konnte das an der Art und Weise, wie er lebte, deutlich erkennen. Er erlebte viele schwierige Zeiten. Als er ein Junge war, gingen er und seine Familie regelmäßig nach Nebraska, um Kartoffeln zu ernten. Er lebte auf eine Weise, die die Lakota *Unshika* – »arm, demütig« – nennen. Aber in bezug auf die Dinge, die ihn zu einem traditionellen Lakotaführer und einem geachteten Ältesten machten, war er reich.

Er war ein Lehrer und ein Führer. Immer wenn er ein paar junge Kerle sah, die mit hängenden Schultern herumliefen, ging er zu ihnen und sagte laut und deutlich: »Geht aufrecht! Schultern zurück! Vergeßt nie, ihr seid Indianer!« Er lehrte junge Menschen, wie man richtig geht, nicht nur im wörtlichen, sondern auch im übertragenen Sinne.

Mathew war furchtlos. Ich erinnere mich daran, als ich 1981 bei den Lakota war. Sie besetzten ein Stück Land in den Black Hills, da der US-Forstdienst regelmäßig die Anträge der Indianer auf Genehmigung einer religiösen Sondernutzung abgelehnt hatte. Mathew war mehr als nur ein spiritueller Berater. Er war mit ganzer Seele dabei und ging mit uns, als wir den Platz besetzten – wir nannten ihn Yellow Thunder Camp.

Wir wußten nicht, ob die Regierungstruppen das Camp möglicherweise stürmen oder ob sie gar schießen würden. Mathew zeigte keine Angst. »Dies ist unser Land!«, sagte er immer wieder und fuchtelte mit seinem Stock in der Luft herum. »Die Black Hills gehören uns!« Ein paar der anderen Männer hatten wirklich Angst, aber Mathews Furchtlosigkeit war ansteckend. Seine Art zu reden machte den anderen Mut. Er lehrte sie, furchtlos zu sein.

Er war derjenige, der ein paar Tage später zum Forstdienst ging und den Antrag auf Sondernutzung von 800 Morgen unterschrieb. Der Rechtsstreit dauerte vier Jahre. Schließlich verloren wir den gerichtlichen Kampf, aber Yellow Thunder wurde zum Symbol für den Kampf um die Rückgabe der Black Hills – der immer noch andauert.

Hier noch ein interessanter Hinweis: Als Mat den Antrag auf Sondernutzung für das Yellow Thunder Camp unterschrieb, unterschrieb er nicht mit »Mathew King«. Er unterschrieb mit »Noble Red Man«.

⌘

Das Yellow Thunder Camp in den Black Hills

HÄUPTLING OREN LYONS, Glaubenshüter der Onondaga-Nation und Sprecher des Irokesenbundes, erinnert sich an Mathew:

Wir begrüßten uns mit »Washtay!« Das bedeutet »Gut!« auf Lakota, und es war immer gut, Mathew King zu sehen – Noble Red Man. Immer wenn wir ihn wiedersahen, lächelten wir, sogar in den schwersten Notlagen. Er war unser großer Lakotaverbündeter und Freund, der wieder und wieder zu uns kam und seine besonderen Talente, seine Weisheit und seinen Humor mit zu unseren Versammlungen brachte.

Wir, die Haudenosaunee (der Irokesenbund), haben uns 1973 während des zweiten Kampfes bei Wounded Knee häufig mit den Führern der Lakota getroffen. Sie kamen in dieser Zeit nach Onondaga, und wir – die traditionellen Lakota und Haudenosaunee-Nationen – schlossen einen Friedens- und Freundschaftsvertrag, in dem wir uns gegenseitige Unterstützung zusicherten.

Mat und Fools Crow waren ein wunderbares Team. Sie leiteten den Kampf um die Anerkennung der Lakotaverträge und die Rückgabe der Black Hills. Sie organisierten das Lakota Treaty Council, einen Rat, der aus traditionellen Ältesten und Führern bestand. Ich weiß, daß Mathew ihre Namen gerne noch einmal hören würde, daher wiederhole ich hier ein paar davon: Kills Enemy, Iron Cloud, Bad Cob, Red Shirt, Bad Wound, Loud Hawk, Broken Nose, Star ... Das waren alles große Namen – und Noble Red Man war unter ihnen. Sie waren Patrioten der Großen Sioux-Nation. Es waren die Führer der alten Generation – sie waren selbstlos, mitfühlend und immer inspirierend. Sie widmeten ihre Zeit und ihr Leben ihrem Volk.

Mat war ein Führer unter Führern. Er leitete viele Diskussionen, als im Kampf um die Black Hills Strategien gegen die Macht der Vereinigten Staaten entwickelt wurden. Wir in Onondaga hatten Hochachtung vor diesen Männern und ihren Familien, weil sie das alte System der Ehre, das auch Humor und Weisheit beinhaltete, verstanden und sich davon leiten ließen. Allein durch ihre Anwesenheit ließen sie die Herzen der Menschen höher schlagen. Heute achten wir noch immer den Vertrag zwischen den Haudenosaunee und der Großen Sioux-Nation.

Es waren damals schwere Zeiten für uns, aber die schweren Zeiten haben uns zusammengebracht. Noble Red Man hatte großen Anteil an dieser Geschichte.

Mathew war ein humorvoller Mann. Man mußte in seiner Gegenwart wachsam sein. Sein Augenzwinkern signalisierte eine humorvolle Falle, mit der er einen aufs Glatteis führen konnte. Er brachte Frohsinn in alle unsere Herzen und baute uns in den schwersten Zeiten auf. Sogar in Krisen, in denen es um Leben und Tod ging, wurden unsere Versammlungen durch brüllendes Gelächter unterbrochen – und meistens war es Mathew, der uns auf einen witzigen Aspekt irgendeiner Sache aufmerksam machte.

Daran erinnere ich mich am besten – sein Lachen, sein inspirierendes Lachen. Er hatte eine hohe Stimme, und sein Lachen steckte alle anderen an. Es bewirkte, daß man sich innerlich gut fühlte. Sein Lächeln war so warm wie das Sonnenlicht und es schien auf uns alle.

⌘

KEVIN McKIERNAN, ein Journalist, der während der Besetzung von 1973 nach Wounded Knee geschmuggelt wurde, erinnert sich an die Ankunft von Frank Fools Crow und Mat King in dem abgeriegelten Gelände während des Höhepunkts der Krise:

Es war am Anfang der Besetzung, und die Regierungstruppen führten die beiden Ältesten, Frank und Mat, entlang der Linien, in der Hoffnung, daß sie die »Hitzköpfe« des AIM, die dahinter die Stellung hielten, davon überzeugen konnten aufzugeben. Es war eine sehr angespannte Zeit, und jeden Moment konnte eine Schießerei losgehen. Die Regierungstruppen hatten ringsum bewaffnete Schützenpanzer mit Maschinengewehren aufgefahren, und auch die Besetzer hinter den Barrikaden hatten viele Gewehre.

Frank und Mat kamen also in den besetzten Bereich, und man hat wohl noch nie Menschen gesehen, die so glücklich darüber waren, jemanden zu sehen. Frank sagte: »Sie wollen, daß wir eingreifen und die Besetzung beenden. Deswegen haben sie uns durch ihre Linien gelassen. Wir sollen euch davon überzeugen aufzugeben.«

Ich erinnere mich daran, daß Frank einen dieser großen schwarzen Reservatshüte trug, so einen, wie ihn die Alten häufig trugen, mit breiter Krempe und hohem Kopfteil und groß wie ein Cowboyhut.

Mat sagte: »Die denken, wir raten euch aufzugeben.« Sein Augenzwinkern verriet, daß er etwas im Schilde führte.

Dann sprach Frank wieder, und Mat übersetzte es für diejenigen von uns, die kein Lakota sprachen.

Frank sagte: »Ihr wißt ja, es ist illegal, irgendwelche Vorräte hierherzubringen. Es ist ein Bundesverbrechen. Sie haben uns durchsucht, bevor sie uns durchgelassen haben. Wir wissen, daß ihr hungrig seid, Leute – ihr leidet für uns alle. Und ihr sollt wissen, daß wir hundertprozentig hinter euch stehen!«

Er fuhr fort: »Sie haben mich gebeten, ihnen ein Zeichen zu geben, was ich vorschlage – ob ich will, daß ihr mit der Besetzung fortfahrt oder daß ihr aufgebt. Ich habe ihnen nicht gesagt, was ich vorschlagen werde, aber ich habe gesagt, daß ich herkommen und mit euch reden würde, also haben sie uns durchgelassen.«

Dann sagte Fools Crow: »Ich möchte euch also ein Zeichen geben, was ihr tun sollt. Und dies ist das Zeichen ...«

In diesem Moment hob er die Hand, damit jeder still war, und dann griff er mit einer schwungvollen Bewegung nach der breiten Krempe seines großen Reservatshuts und zog ihn auf dramatische Weise vom Kopf. Es verschlug allen den Atem, dann lachten alle so lange, bis sie auf dem Boden kullerten. Unter Franks Hut, mitten auf seinem Kopf, stand eine Dose Maxwell-House-Kaffee!

Er und Mat hatten ein Bundesverbrechen begangen – da sie den Besetzern durch die illegale Lieferung von Vorräten »Beihilfe leisteten« und zur Verlängerung dessen beitrugen, was sich zur längsten Bürgerunruhe in der amerikanischen Geschichte entwickeln sollte.

Ich erinnere mich daran, daß Mathew das schrillste Lachen von allen hatte, es war so ein kicherndes Hi-Hi, das uns selbst immer wieder in Gelächter ausbrechen ließ. Sein Lachen war wie Balsam. Es bewirkte, daß wir alle guter Dinge waren – voller Hoffnung, voller Kraft. Er strahlte eine wunderbare Wärme aus, die jeden inspirierte. Er war ein demütiger Mann ohne einen Hauch von Arroganz. Wenn er mit einem sprach, hatte man das Gefühl, im Zentrum des Universums zu sein. Er und Frank waren völlig unterschiedliche Persönlichkeiten, aber beide waren bemerkenswerte Menschen.

Jedenfalls wurde der Maxwell-House-Kaffee auf diese Weise zu einer Art Symbol für den Wounded-Knee-Aufstand.

⌘

Lavon King, Mathews Tochter, erinnert sich:

Ich erinnere mich daran, daß Vater uns immer etwas lehrte, als ich ein Kind war. Er sagte uns immer, was man tun und was man nicht tun sollte. »Habt Achtung vor anderen«, sagte er zu uns. »Seid ehrlich und lügt niemals. Ihr könnt den Großen Geist nicht austricksen!«

Er wurde immer richtig böse, wenn er irgendwo las oder hörte, daß das Volk der Lakota »besiegt« worden war. »Das dürft ihr nie glauben!«, erklärte er uns. »Sie haben das Land mit ihren Lügen und ihrer Gier und den gebrochenen Verträgen gestohlen, aber sie haben uns nie im Kampf besiegt. Wir Lakota sind nie besiegt worden, und man wird uns auch nie besiegen!«

Eines ist jedenfalls sicher, meinen Vater haben sie nie besiegt!

Ein paar unserer jungen Männer besuchten ihn, als er krank wurde, und sie fragten ihn: »Was werden wir tun, wenn du fort bist und wenn all die anderen Ältesten fort sind?« Er sagte zu ihnen: »Achtet darauf, daß es mit dem Vertrag vorwärtsgeht.« Damit meinte er den Kampf um die Black Hills. Er ermahnte uns: »Macht damit weiter. Treibt den Vertrag voran. Tragt die Pfeife. Unterstützt euer Volk. Ihr habt Lakotablut in euren Adern, oder etwa nicht? So lange dieses Blut in euren Adern fließt, werdet ihr wissen, was zu tun ist. Ihr seid jetzt die Ältesten!«

Die meiste Zeit ihres Lebens arbeiteten er und

Bear Butte, ein heiliger Berg der Lakota in den Black Hills

Häuptling Fools Crow zusammen. Immer wenn die Menschen sie brauchten, waren sie beide da. Ihre Leben waren miteinander verflochten.

Als Vater aus dem Leben schied, brachten sie Großvater Fools Crow zu uns. Er stand am Sarg und sah nur lange Zeit hinein. Er schüttelte den Kopf, aber er sagte nichts. Dann drehte er sich einfach um, und sie geleiteten ihn hinaus. Später besuchte Großmutter Nellie Red Owl ihn und als sie zurückkam, sagte sie folgendes zu mir: »Fools Crow hat gesagt, daß es nun, da Mathew fort ist, für ihn auch an der Zeit ist zu gehen. Er sagte, daß niemand mehr übrig ist, mit dem er seine Träume teilen kann. Er sagte, es gäbe keinen Grund für ihn weiterzuleben – seine Arbeit in diesem Leben sei getan.« Fools Crow starb noch im selben Jahr. Ich weiß, daß die beiden jetzt wieder zusammen sind. Sie wachen über uns.

Vor ein paar Wochen bestieg ich den Bear Butte. Ich wollte mit meinem Vater sprechen. Im Moment passiert so viel, es gibt so viele Probleme, und es ist niemand da wie er, mit dem man sprechen kann. Ich wollte ihn fragen, was ich tun sollte. Also ging ich ganz allein auf den Berg, so wie er es immer getan hat.

Ich betete um eine Vision. Da sah ich ihn. Die Sonne ging gerade unter, und ich konnte ihn auf der kleinen Spitze gegenüber des Gipfels des Bear Butte sehen. Er stand einfach da und sah mich an. Ich rief ihn, aber er antwortete nicht. Er sah sehr ernst aus, so als wäre er mit etwas nicht zufrieden. Ich glaube nicht, daß er mir böse ist. Er weiß, daß ich alles tue, was ich kann, so wie er es mich immer gelehrt hat. Ich glaube, er ist zornig über die Sache mit den Black Hills. Er wartet immer noch darauf, daß wir sie zurückbekommen. Er wird nicht eher ruhen, als bis das geschehen ist – und das werde auch ich nicht!

⌘

SHARA GRIFFIN GONZALEZ, eine Freundin von Mathew, erinnert sich:

Es war immer etwas Nettes und Kindliches an Mathew, obwohl er dafür bekannt war, ein harter Brocken zu sein. Ich erinnere mich daran, daß ich ihn im Krankenhaus besuchte, als er krank war und sein Ende kurz bevorstand. Auf den kleinen Tisch neben seinem Bett hatte er eine ganze Menagerie von Glasfiguren gestellt. Es waren alles Tiere – Hirsche und Kaninchen und Adler und andere Tiere. Er sagte mir, daß er mit Hilfe der Figuren mit den Geistern der Tiere kommunizierte, obwohl sie nur aus Glas bestanden.

Und dann sagte er zu mir: »Es ist schade, daß ich keinen Bären habe. Der Bär ist sehr wichtig, und ich habe keinen, daher kann ich nicht mit ihm sprechen. Ich wünschte, ich hätte einen Bären.«

Nun, ich zog natürlich los und suchte in der ganzen Stadt nach einem kleinen Glasbären. Schließlich fand ich einen und brachte ihn zu Mathew ins Krankenhaus. Oh, war er glücklich! Es war die Figur, die ihm fehlte, und nun hatte er sie endlich. Er lächelte und lächelte und sprach zu ihr wie zu einem alten Freund. »Das vervollständigt meine Sammlung!«, sagte er. Er dankte mir immer wieder. Er hatte eine besondere Beziehung zu diesem kleinen Bären.

Als Mathew starb, wurde er mit dem Bären begraben. Ich werde immer stolz darauf sein. Ich fühle mich ihm dadurch näher.

⌘

SCOTT BARTA, ein Sonnentanzsänger, erinnert sich an den Einfluß, den Mathew auf sein Leben hatte:

Immer wenn bei den Indianern irgend etwas Wichtiges geschah, waren Mat und Fools Crow da. Man konnte sich immer auf sie verlassen. Wenn sie da waren, wußte man, daß der Große Geist in der Nähe war. Ich erinnere mich daran, daß sie 1977 zur Crazy-Horse-Gedenkzeremonie bei Fort Robinson in Nebraska kamen. Häuptling Fools Crow sprach die Gebete, und Mathew sang. Während sie das taten, zog eine große, dunkle Wolke direkt über uns auf, und es donnerte und blitzte. Es war, als ob sie den Geist von Crazy Horse selbst zurückgerufen hatten. Er hatte immer gesagt, daß er als Donner und Blitz zurückkommen würde.

Fools Crow sprach Lakota, und Mat übersetzte. Nein, er tat mehr als nur zu übersetzen. Er war Franks offizieller Übersetzer. Sie kannten sich gegenseitig so gut, daß jeder genau wußte, was der andere dachte. Manchmal stellte jemand Frank eine Frage, und er sagte nur ein paar Worte. Dann stand Mathew auf und »übersetzte«, und seine Rede dauerte einige Minuten. Man konnte sehen, wie Frank nickte und grummelnd seine Zustimmung zum Ausdruck brachte. Es war so, als würden sie mit demselben Geist denken.

Sie waren beide Anführer, die den Sonnentanz wieder aufleben ließen. Damals, 1974 oder '75, waren sie beim Sonnentanz in Green Grass, und mein Onkel – der später Mats Adoptivbruder wurde – fragte Mat und Fools Crow, ob er ihre Erlaubnis hatte, den Sonnentanz im Yankton-Reservat zu beginnen. Sie antworteten ihm: »Du brauchst unsere Erlaubnis nicht. Wenn du ein gutes Gefühl dabei hast, dann tu es. Wir werden dir helfen. Aber nur der Große Geist gibt die Erlaubnis dazu!«

So waren sie, Mat und Frank – absolut selbstlose Menschen. Es war ihr Verdienst, daß ich mit dem Trinken aufhörte. Das haben auch viele andere Leute getan. Sie hatten einen unglaublichen Einfluß, aber sie waren zwei der bescheidensten Kerle, die ich je getroffen habe. Als sie starben, war das ein großer Verlust. Wir könnten sie jetzt nur zu gut gebrauchen. Wenn man in jungen Jahren Männer wie Mat und Frank kennenlernt, erfährt man früh viel über die eigene Identität, und das verleiht einem Stärke. Es ermutigt zur Teilnahme an Schwitzhüttenzeremonien und verbindet einen mit den Traditionen der Lakota.

Aber die beste Erinnerung habe ich an Mat als Sänger. Er kannte die ursprünglichen Sonnentanzgesänge, die eine Million Jahre alt sind, und er komponierte wunderbare neue Lieder. Einmal sangen wir während eines Sonnentanzes mit ihm, und eine große Libelle – wir nennen sie *Tusweyca* – flog mitten in die Zeremonie hinein. Sie hatte weiße und schwarze Streifen auf ihren Flügeln und sie landete auf dem Heiligen Baum. Bei jedem Trommelschlag flatterte und surrte sie mit ihren Flügeln, exakt im Rhythmus der Musik. Als wir eine Pause machten, flog sie fort. Als wir wieder anfingen, kam sie zurück. Den ganzen Tag ging das so weiter. Mat war begeistert. »Sie ist gekommen, um mit uns Zweibeinern zu singen«, sagte er. »Sie ist gekommen, um an unserem Sonnentanz teilzunehmen und mit uns unseren Großvater, die Sonne, und unsere Großmutter, die Erde, zu verehren. Sie ist ein Bote des Großen Geheimnisses!« Die Tusweyca blieb den ganzen Tag über bei uns, bis die Sonne unterging. Es war wunderbar.

Es gibt ein Lied, das ich nun gerne für dich singen würde. Es ist eines von Mathews Liedern. Er hat es komponiert. Er hat uns jedes Wort gelehrt, jede Betonung. Ich habe es von ihm gelernt und ich singe es genauso, wie er es mir beigebracht hat.

Scott singt eine ergreifende und bewegende Melodie mit einer vollen Tenorstimme. Als er fertig ist, sage ich zu ihm: »Ich habe geweint, während du das gesungen hast. Es war, als ob Mathew mir das vorgesungen hätte.« Scott erklärt:

Es ist ein Lied, das beim Sonnentanz gesungen wird, wenn man in den Sonnentanzkreis tritt. Es wird am Morgen gesungen, wenn die Sonne aufgeht. Die Tänzer tragen einen Büffelschädel in den Sonnentanzkreis und sie singen es, Mathews Lied. Übersetzt bedeuten die Worte ungefähr folgendes:

Freund, ich bin es.
Großvater, ich komme mit der Morgensonne.
Höre mich, ich betrete den Kreis.
Ich bin es.
Ich grüße dich, während du dich erhebst, Großvater
Sonne.
Ich erhebe mich mit dir.
Ich bin es.
Erkenne mich!

Der alte Mathew – er wußte wirklich, wie man die Sonne aufgehen ließ!

⌘

Nachwort

MATHEW KING VERSCHIED am 18. März 1989 – beziehungsweise er »nahm den Heiligen Weg«, wie sein Volk es nennt. Er sprach häufig von seinem bevorstehenden Tod.

Einmal sagte er zu mir: »Weißt du, letzte Nacht habe ich zum ersten Mal von meiner Frau geträumt, seit sie vor vier Jahren verstarb. Sie kam zu mir und sagte, daß es dort oben sehr friedlich ist. Es ist der beste Ort, weit von der schlechten Welt entfernt. ›Wir haben ein gutes Leben hier oben‹, sagte sie. Sie wollte, daß ich mich beeile und zu ihr hinaufkomme. Also sagte ich zu ihr: ›Habe ein wenig Geduld. Ich habe noch eine Menge Dinge auf dieser Welt zu tun. Du solltest lieber noch ein bißchen länger warten, dann werde ich da sein.‹«

Ein anderes Mal sagte er: »Jetzt bin ich alt und ich schlafe gerne lange. Ich bin müde. Ich habe mein ganzes Leben lang hart gearbeitet, und es wird Zeit, daß ich mich ausruhe. Ich werde bald sterben, das weiß ich. Ich mache mir darüber keine Sorgen. Ich habe alles, was ich besitze, Gott geschenkt. Ich weiß, daß er mit mir zufrieden ist.«

NACH EINEM UNSERER GESPRÄCHE wies Mathew mich an, meinen Stift auf ein Stuhlkissen zu legen. Er sagte, er wolle ihn segnen – »damit du den Indianern damit nicht schadest.«

Er stand dort mit erhobenen Armen vor mir und betete einige Minuten lang laut in der Lakotasprache. Er sprach zu Gott, wie er es so oft in seinem Leben getan hatte.

Als er sein Gebet beendet hatte, blieb er noch stehen. Sein Kopf war zurückgeneigt, die Augen hatte er geschlossen – er lauschte. Er hörte Gott zu. Ich konnte spüren, wie der Geist mitten durch uns hindurchwehte wie ein großer Wind.

Schließlich nickte er und lächelte mit seinem sanften Lächeln und sagte: »Ich habe Gott gesagt, was du tust. Er sagt mir, daß du eine gute Reise haben wirst. Den Indianern wird durch das, was du tust, nicht geschadet werden, und dir wird nichts passieren, während du das tust.«

Ich habe mein Bestes getan, um dem über die Jahre gerecht zu werden. Ich werde für diesen Segen immer dankbar sein. Er hat mich bis hierher gebracht, und ich nehme an, daß die Reise noch nicht zu Ende ist. Ich werde ihn noch brauchen.

NUN, DA ER HINÜBERGEGANGEN IST in diese »Große Wirklichkeit«, von der er gesprochen hat, ist die Welt ärmer geworden – aber sie ist auch unendlich reicher, da er unter uns gelebt hat.

Mathew, danke.

Wenn Crazy Horse als Donner und Blitz zurückkommt, möchte ich gerne denken, daß Mathew King – Häuptling Noble Red Man – auch zurückkommen wird. Vielleicht kommt er als Regen, als sanfter Regen, rein und reinigend, der an einem Frühlingstag auf seine geliebten Black Hills fällt. Ich weiß, daß ihm das gefallen würde.

Harvey Arden

BILDNACHWEIS

© 1994 Beyond Words Publishing, Inc., mit freundlicher
Genehmigung der Familie von Mathew King
Seite 8, 37, 54/55, 111

© 1994 Chris Spotted Eagle
Seite 20, 85, 93

© 1994 Harvey Arden
Seite 29, 70, 118